SCHOKOLADENTRÄUME

Heinemann

SCHOKOLADENTRÄUME

Feinste Torten, Pralinen & Co. selbst gemacht

INHALT

EINFÜHRUNG

In der Welt kulinarischer Genüsse gibt es den Whiskey mit seinen unglaublich vielseitigen Geschmacksrichtungen. Es gibt den Wein mit seinen vielen Spielarten zwischen leichter, trockener Säure und schwerer, fruchtiger Süße. Es gibt den Käse, mal butterig neutral, mal kräftig und vollmundig im Geschmack. Und es gibt die Schokolade, das braune Gold, die unangefochtene Königin unter den süßen Verführungen.

Wer Schokolade in allen Nuancen genießen will, der kann sich schon beim Betrachten einen ersten Eindruck verschaffen: Ist der Farbton der Schokolade gefällig? Glänzt sie, oder hat sie eher eine matte Oberfläche?

Nimmt man die Schokolade in die Hand und bricht sie, so erlebt man die Beschaffenheit und die Struktur, die von Sorte zu Sorte verschieden ist. Ob butterig-cremig oder hart und splitterig: Zusammen mit der Farbe machen sich Schokoladenfreunde jetzt schon ein detailliertes Bild. Kenner und Liebhaber zerreiben anschließend ein wenig Schokolade zwischen den Fingern, um in der warm werdenden und schließlich schmelzenden Schokolade die vielen enthaltenen Duftkomponenten zu riechen und dabei kennenzulernen und zu erleben.

Erst dann wandert ein Stück Schokolade in den Mund. Und während dieses samtig schmilzt, verursachen die über 600 Aromastoffe der Schokolade ein Geschmacksfeuerwerk, das neben dem eigentlichen Kakaogeschmack auch fruchtige, würzige, nussige und blumige Nuancen aufweist.

GENUSS MIT LANGER TRADITION

Um diese Vielfalt an Geschmack zu erhalten, muss der Kakao aufwendig und sorgfältig gewonnen und verarbeitet werden. Dass der Aufwand sich lohnt, davon waren schon die Edelleute des 17. Jahrhunderts überzeugt, ebenso wie Friedrich Schiller, Voltaire und deren Zeitgenosse König Friedrich von Preußen. Einer der bekanntesten und größten Schokoladenliebhaber war Johann Wolfgang von Goethe, der die großen Geister seiner Zeit zur Trinkschokolade einlud und mit seiner Begeisterung für dieses Getränk anscheinend sogar seinen Freundeskreis verblüffen konnte. Er ging dabei soweit, dass er selbst zu einem ansonsten höchst vielseitigen, festlichen Mahl ausschließlich Trinkschokolade reichen ließ. In jedem Fall war Goethe von der stimulierenden und gesundheitsfördernden Wirkung der Schokolade überzeugt. Selbst auf Reisen führte er immer sein Schokoladengeschirr, gemahlenen Kakao und Schokoladentafeln bei sich. In der damaligen Zeit war das noch eine sehr kostspielige Leidenschaft.

ZWEI KAKAOBÄUME, ZWEI SCHOKOLADENQUALITÄTEN

Tatsächlich ist es ein weiter Weg von der Kakaofrucht, die direkt am Stamm des Kakaobaums wächst, bis hin zur wunderbar zarten und süßen Schokoladentafel. Und doch teilt sich die Welt der Schokolade schon ganz am Anfang in zwei Hälften: Denn unter den Kakaobäumen gibt es auf der einen Seite den genügsamen Forastero-Baum, aus dem der sogenannte Konsum-Kakao gewonnen wird. Von ihm stammen mehr als 90 Prozent des heute verarbeiteten Kakaos. Auf der anderen Seite gibt es aber noch den vor allem in Mittelamerika angebauten Criollo-Baum, der regenreiche Hochlagen bevorzugt und auch deutlich weniger ertragreich als der Forastero-Baum ist. Dafür liefert er den edelsten und teuersten Kakao, der ins-

Die gurkenförmigen Kakaofrüchte sind reif von gelbroter bis rotbrauner Farbe. Sie enthalten 25 bis 50 bohnenähnliche Samen.

besondere für die Herstellung dunkler
Schokolade verwendet wird. Wenn Sie also
ein Lieblingsrezept haben und nur die
besten Zutaten für die Zubereitung verwenden möchten, dann ist Criollo-Schokolade die einzig richtige Wahl.

VON DER KAKAOFRUCHT ZUR SCHOKOLADE

Der Weg von der Kakaofrucht bis zur
Schokolade ist lang: Die Ernte der
Kakaofrüchte erfordert nach wie vor
Handarbeit. Dann werden die Kakaofrüchte fermentiert und schließlich von
den Kakaobohnen befreit. Die Bohnen
müssen getrocknet, gereinigt, geröstet,
gebrochen, von den Schalen getrennt und
anschließend gemahlen werden.
Anschließend werden durch Pressen und
verschiedene weitere Bearbeitungsschritte

*Kuvertüre gibt es in verschiedenen Formen
und Portionierungen. Besonders praktisch
sind Kuvertüre-Linsen bzw. -Drops.*

aus der Kakaomasse die Kakaobutter und das Kakaopulver hergestellt. Dies sind die Basisprodukte für die Herstellung der Schokolade.

Es folgt ein langwieriger Prozess des Walzens und Temperierens, wobei das sogenannte Conchieren eine besondere Stellung einnimmt. Hergeleitet wird dieser Begriff aus dem spanischen »concha«, was Muschelschale bedeutet und an die charakteristische Form der langen Steinmulden erinnert, in denen ursprünglich die Schokolade verfeinert wurde. Heute wird die ehemals mehrere Tage in Anspruch nehmende Arbeit in wenigen Stunden verrichtet. Natürlich gibt es inzwischen sogar noch schnellere und billigere Methoden zur Veredlung der Schokoladengrundmasse. Für qualitativ hochwertige Schokolade bleibt das Conchieren (siehe Glossar) jedoch unersetzlich, da es nach wie vor die besten Ergebnisse erzielt. Ihren zarten Schmelz und den typischen Geschmack erhält das braune Gold schließlich durch die Beimischung von Zucker, Sahne- oder Milchpulver, Gewürzen, Geschmacksstoffen und Nüssen.

SCHOKOLADE ALS FEINE KONDITOR-GRUNDZUTAT

Es ist erstaunlich, dass trotz dieses langen und aufwendigen Herstellungsprozesses der Genuss von Schokolade heutzutage für jedermann erschwinglich ist. So konnte sie darüber hinaus in zahlreiche ganz unterschiedliche Rezepte Einzug halten und verwöhnt die Gaumen in zahllosen Formen. Gerade aus den Konditoreien sind Kakao und Schokolade nicht mehr wegzudenken.

In diesem Buch verrät der eidgenössisch diplomierte Konditor- und Confiseur-Meister Heinz-Richard Heinemann, wie auch Sie zu Hause sich der Leidenschaft für den Genuss feinster Schokoladen hingeben können. Denn einen Teil der Begeisterung für die »Speise der Götter« erleben Sie erst dann, wenn Sie sich selbst an die Zubereitung köstlicher Torten und im Munde zerlaufender Pralinen und Trüffeln wagen oder um die Herstellung von Schokoladentafeln mit neuen, ausgefallenen Geschmacksrichtungen bemühen.

GENUSSVOLLE SCHOKOLADEN-REZEPTE FÜR AMATEURE

Dieses Buch richtet sich an alle Schokoladenliebhaber, auch an Einsteiger. Aus diesem Grund wurde auf die Verwendung von Fachbegriffen verzichtet. Falls Sie trotzdem einmal mit einem Begriff nichts anfangen können oder sich beispielsweise fragen, wie Sie einen Teig gleichmäßig dick ausrollen können oder wie sich zwei verschiedene Massen angleichen lassen, dann werden Sie vielleicht im Glossar am Ende des Buches fündig.

Außerdem wurde bei allen Rezepten auf die Verwendung von schwer erhältlicher und teurer Edelschokolade verzichtet. Stattdessen finden Sie in fast allen Rezepten weiße Kuvertüre, helle Milchkuvertüre und dunkle Bitterkuvertüre – wie man sie in jedem Supermarkt kaufen kann – als Zutaten.

Nur in manchen Fällen wird zusätzlich die Verwendung von Schokolade oder Edelschokolade mit einem bestimmten zur jeweiligen Rezeptur harmonierenden Gehalt an Kakao (jeweils in Klammern angegeben) empfohlen.

Und selbstverständlich können Sie fast jedes Rezept dadurch aufwerten, dass Sie hochwertige Schokolade oder Kuvertüre direkt vom Konditor verwenden. Eine weitere Bezugsquelle sind Internetshops für Konditorbedarf, von denen einige auch an Privatbesteller versenden.

EIN PAAR PRAKTISCHE HINWEISE

Bevor Sie jedoch in die Geheimnisse der Schokolade eintauchen, noch eine kurze Gebrauchsanweisung zur Verwendung des »braunen Goldes«:

Auch wenn in den folgenden Rezepten im Verlauf der Zubereitung immer wieder eine Schokoladenmasse kühl gestellt wird: Schokolade mag für gewöhnlich keine Kühlschränke. Und auch Sonnenlicht sowie Vorratsräume mit stark schwankenden Temperaturen schaden dem Aussehen ebenso wie dem Aroma – vor dem Verarbeiten, also bei der Lagerung, ebenso wie nach dem Verarbeiten. Gerade Pralinen sollten deshalb am besten dunkel und kühl, aber eben nicht kühlschrankkalt gelagert werden.

Die angegebenen Zubereitungszeiten beziehen sich auf die benötigte Zeit für die Herstellung der Rezepte ab dem Zeitpunkt, ab dem alle Zutaten vorbereitet (geschnitten, geschält, geputzt …) sind. Und noch ein Hinweis zum Backen: In allen Rezepten, bei denen der Backofen zum Einsatz kommt, wird mit Ober- und Unterhitze gearbeitet.

Abschließend noch eine Empfehlung von Heinz-Richard Heinemann: Verwenden Sie nach Möglichkeit immer frische Zutaten, meiden Sie haltbar gemachte, konservierte und maschinell hergestellte Nahrungsmittel, und achten Sie bei Obst bewusst auf die Saison! Diese Prinzipien hat der Konditor- und Confiseur-Meister schon von seinem Vater eingeprägt bekommen. Sie sind die wichtigste Voraussetzung dafür, dass auch Sie mithilfe der folgenden Rezepte bald in den wundervollsten Kreationen der Patisserie und Confiserie schwelgen können.

Um zu vermeiden, dass Schokolade bei der Verarbeitung (an-)schmilzt, kann man auf einer kalten Marmorplatte arbeiten.

SCHOKOLADEN-TRÄUME

Erleben Sie köstliche Schokolade in ihrer ganzen Vielfalt! Früchte im matt glänzenden Schokoladenkleid, knusprige Nüsse in zart schmelzender Kuvertüre und heiße Getränke in dunkelbrauner Farbe erwarten Sie. Ob als filigraner Schmuck am Weihnachtsbaum, als herrlicher Aufstrich beim Frühstück oder als cremige Schokoladentafeln in den verschiedensten Geschmacksrichtungen: Hier lernen Sie Schokolade in ihrer ganzen Vielseitigkeit kennen!

UMGANG MIT SCHOKOLADE

Der wahre Schokoladengenießer würde es nie wagen, eine echte heiße Trinkschokolade mit gewöhnlichem Kakao in einen Topf zu werfen. Denn für die Zubereitung von Trink-Kakao wird lediglich ein stark zuckerhaltiges, aus minderwertigen Kakaobohnen hergestelltes Fertigpulver und etwas Milch benötigt. Der Feinschmecker bereitet dagegen seine heiße Trinkschokolade aus dunkler Edelschokolade zu. Wer einmal eine echte Trinkschokolade getrunken hat, der wird sie nicht mehr missen wollen.

Doch das ist bei Weitem nicht die einzige Möglichkeit, sich den Alltag auf edle und köstliche Weise zu versüßen. In diesem Kapitel finden Sie verschiedenste einfache Rezepte, bei denen der vielseitige Umgang mit Schokolade im Vordergrund steht. Sie sind herzlich eingeladen, die Zubereitung zu variieren, bestimmte Teile davon auf andere Rezepte zu übertragen, mehrere Rezepte zu kombinieren oder etwas völlig Neues auszuprobieren.

Beim Umgang mit Schokolade kann es Ihnen allerdings passieren, dass einmal verflüssigte Schokolade nicht richtig fest wird oder nach dem Erkalten matt aussieht oder sogar hässliche weiße Stellen bekommt. Nicht gerade appetitlich! Deshalb ist eine der wichtigsten Techniken für den richtigen Umgang mit Schokolade oder Kuvertüre das sogenannte »Temperieren«. Es wird Ihnen bei vielen Rezepten in diesem Buch wiederbegegnen.

Denn um Schokolade oder Kuvertüre mit optimalen Ergebnissen verarbeiten zu können, muss sie auf eine spezielle Weise geschmolzen werden. Diese Technik nennt man Temperieren. Durch das Temperieren werden Schokolade und Kuvertüre beim Erkalten wieder richtig schön fest und haben dann eine schmackhaft glatte und glänzende Oberfläche.

SCHOKOLADE TEMPERIEREN

1. Vorbereitungen: Die Kuvertüre raspeln oder in kleine Stückchen hacken. Ein Wasserbad mit heißem, aber nicht kochendem Wasser vorbereiten. Eine passende Metallschale hineinstellen. Wer ein gutes Speisenthermometer besitzt, das auch Temperaturen unter 50 °C misst, legt es bereit. Ideal ist ein digitales Thermometer.

2. Die Kuvertüre schmelzen: Etwa drei Viertel der zerkleinerten Kuvertüre in die Schale im Wasserbad geben und unter gelegentlichem Rühren bei etwa 40 °C schmelzen, bis alle Stücke aufgelöst sind. Die Schale kann schon vor dem Schmelzen der letzten Stückchen aus dem Wasserbad genommen werden; die bereits geschmolzene Schokolade ist dann so warm, dass die übrigen Stückchen darin schnell vollständig schmelzen.

3. Die Kuvertüre temperieren: Jetzt die restliche geriebene oder klein gehackte Kuvertüre in kleinen Portionen in die warme Kuvertüre rühren. Dadurch wird die aufgelöste Kuvertüre mit »guten« Kakaobutterkristallen geimpft. Wenn die Kuvertüre beginnt, dick zu werden, ist ausreichend geriebene Kuvertüre untergerührt.

4. Kuvertüre auf Verarbeitungstemperatur bringen: Die abgekühlte Kuvertüre jetzt vorsichtig wieder auf etwa 32 °C erwärmen, ggf. mit Hilfe des Speisenthermometers, so dass sie flüssig genug ist, um problemlos verarbeitet zu werden. Diese Verarbeitungstemperatur kann von Kuvertüre zu Kuvertüre verschieden sein, liegt aber immer leicht unter Körpertemperatur.

CHRISTBAUMSCHMUCK AUS SCHOKOLADE

Auf ein Stück Papier beliebige Schmuckformen, die sich mit der Spritztülle nachzeichnen lassen, aufmalen. Bei den Formen oben jeweils Löcher für Aufhängerbändchen vorsehen. Dann das Vorlagenpapier

mit starker Klarsichtfolie bedecken. 500 Gramm helle oder dunkle Kuvertüre wie im vorigen Abschnitt beschrieben temperieren. Anschließend einige Tropfen abgekochtes Wasser einrühren, dadurch wird die Masse cremig. Die Kuvertüre in einen Spritzbeutel mit kleiner Lochtülle

Wichtig beim Temperieren: Flüssige Kuvertüre mit gehackter Kuvertüre impfen.

oder kleiner gezackter Tülle füllen und, die Formen nachzeichnend, auf die Folie aufspritzen. Die Schokoladenformen wahlweise mit Liebesperlen oder bunten Streuseln bestreuen und hart werden lassen. Zuletzt Bänder durchziehen und den Schokadenschmuck an den Baum hängen.

FORMGEGOSSENE SCHOKOLADE

Oft findet man auf dem Flohmarkt oder in Backgeschäften wunderschöne Metallformen für Schokolade, mit denen sich zum Beispiel Nikoläuse oder Osterhasen nachgießen lassen. Bei der Verwendung sollten diese Formen absolut sauber und trocken sein, deshalb müssen sie gründlich ausgewaschen, getrocknet und mit Watte auf Hochglanz poliert werden. Dann geht man wie folgt vor:

1. Die Formen werden mithilfe eines Pinsels mit perfekt temperierter Schokolade (siehe Seite 14/15) dünn ausgepinselt.

2. Wenn die Schokolade fest geworden ist, beide Hälften ein zweites Mal dünn auspinseln. Die eventuell mit Schokolade verschmutzten Ränder der Formen säubern. Die zwei Formhälften zusammenklappen und mit den Klammern ganz fest verschließen.

3. Die Form mit der Öffnung nach oben in der einen Hand aufrecht festhalten und mit der anderen Hand die temperierte Schokolade mit einer Kelle randhoch in die Form einfüllen. Danach die Schokolade wieder in den Topf mit der temperierten Schokolade ausschütten und die Form mit der Öffnung nach unten auf einem Gitter nachtropfen lassen.

4. Wenn die Schokolade in der Form langsam beginnt, fest zu werden, den Vorgang noch zwei- bis dreimal wiederholen.

5. Soll der Hase oder der Nikolaus einen Boden haben: Ein wenig Schokolade auf Backpapier ausgießen und die Form beim letzten Abtropfen darauf stellen. Die Form etwa 2 Stunden gut auskühlen lassen. Dann die Klammern vorsichtig lösen.

Heinemann-Tipp

Auch für Tafelschokolade werden normalerweise spezielle Metallformen verwendet. Diese sollten vor Verwendung immer sorgfältig gesäubert und mit Watte auspoliert werden. Alternativ kann ein Blech mit Rand verwendet werden: Die Schokolade wird auf das Blech gegossen und, kurz bevor sie vollständig erkaltet ist, mit einem Messer in Tafelform zerschnitten. Nach dem Erkalten der Tafeln sollten diese in Aluminiumfolie verpackt werden. Besonders attraktiv ist bunte Aluminiumfolie.

TAFELSCHOKOLADENVARIANTEN

... MIT HASELNÜSSEN

1. Geschälte Haselnüsse im Backofen rösten. Sie dazu auf ein Blech legen und in 15 bis 20 Minuten bei 180 °C gleichmäßig hellbraun rösten. Erkalten lassen. Diesen Vorgang ein- bis zweimal wiederholen, bis die Nuss innen dunkelbraun ist, aber dennoch nicht verbrannt schmeckt. Zur Kontrolle gelegentlich eine Nuss durchschneiden und kosten.

2. Dunkle Kuvertüre temperieren (siehe Seite 14/15), in die Schokoladentafelformen einfüllen und geröstete Nüsse einstreuen. In 1 bis 2 Stunden fest werden lassen und die Tafeln ausschlagen. Dazu ein Küchentuch auf die Arbeitsfläche legen, die Tafelformen umdrehen und vorsichtig mit einer Ecke auf den Tisch klopfen, sodass die Schokolade auf das Küchentuch fällt.

FÜR 400 GRAMM

300 g dunkle Kuvertüre oder Edelbitter-Schokolade (75 %)
100 g Haselnüsse

Außerdem:
Metallformen für Schokoladentafeln

Zubereitungszeit:
ca. 30 Minuten
Abkühlzeit: 1 bis 2 Stunden

... MIT KARAMELLISIERTEN MANDELN

1. Die Mandeln auf einem Blech im Backofen bei 180 °C in 15 bis 20 Minuten gleichmäßig hellbraun rösten. Erkalten lassen. Diesen Vorgang ein- bis zweimal wiederholen, bis die Mandeln innen dunkelbraun sind, aber nicht verbrannt schmecken. Zur Kontrolle gelegentlich eine Mandel durchschneiden.

2. Den Zucker in einer Stielkasserole mit einem Holzlöffel unter ständigem Rühren goldgelb schmelzen. Die noch heißen Mandeln unterrühren, alles auf ein Backpapier schütten und die Mandeln mit dem Holzlöffel auseinanderlegen. **Vorsicht:** Der Zucker ist glühend heiß!

3. Die Mandeln gut auskühlen lassen. Inzwischen die Kuvertüre temperieren (siehe Seite 14/15) und in Schokoladentafelformen füllen. Die Mandeln gleichmäßig verteilt in die Schokolade drücken. In 1 bis 2 Stunden fest werden lassen und die Tafeln ausschlagen (siehe Rezept oben).

FÜR ETWA 400 GRAMM

100 g ganze geschälte Mandeln
300 g helle oder dunkle Kuvertüre
30 g Zucker

Außerdem:
Metallformen für Schokoladentafeln

Zubereitungszeit:
ca. 30 Minuten
Abkühlzeit: 1 bis 2 Stunden

TAFELSCHOKOLADENVARIANTEN

DÜNNE TAFELSCHOKOLADE MIT CHILI

FÜR 300 GRAMM

300 g dunkle Kuvertüre
3 g Chilipulver

Außerdem:

Metallformen
für Schokoladentafeln

Zubereitungszeit: ca. 30 Minuten
Abkühlzeit: 1 bis 2 Stunden

1. Die Kuvertüre temperieren (siehe Seite 14/15) und mit dem Chilipulver gut mischen.

2. Die flüssige Schokolade in besonders flache Schokoladentafelformen abfüllen

oder eine normale Form nur halb füllen. In 1 bis 2 Stunden fest werden lassen.

3. Anschließend die Tafeln ausschlagen. Dazu ein Küchentuch auf die Arbeitsfläche legen, die Tafelform(en) umdrehen und vorsichtig mit einer Ecke auf den Tisch klopfen, sodass die Schokolade auf das Küchentuch fällt.

MOKKA-TAFELSCHOKOLADE

FÜR 450 GRAMM

200 g helle Kuvertüre
200 g dunkle Kuvertüre
50 g kräftiges Instant-Kaffeegranulat

Außerdem:

Metallformen für
Schokoladentafeln

Zubereitungszeit: ca. 30 Minuten
Abkühlzeit: 1 bis 2 Stunden

1. Die helle und die dunkle Kuvertüre zusammen temperieren (siehe Seite 14/15). Das Kaffeegranulat unterrühren.

2. Die Kuvertüre-Kaffee-Mischung in die Schokoladentafelformen füllen

und die Schokolade in 1 bis 2 Stunden fest werden lassen.

3. Anschließend die Schokoladentafeln aus den Formen schlagen. Dazu ein Küchentuch auf die Arbeitsfläche legen, die Tafelformen umdrehen und vorsichtig mit einer Ecke auf den Tisch klopfen, sodass die Schokoladentafeln auf das Küchentuch fallen.

WEIHNACHTS-TAFELSCHOKOLADE

1. Beide Kuvertüresorten zusammen temperieren (siehe Seite 14/15). Das Orangeat fein hacken. Krokant und Orangeat auf Körpertemperatur erwärmen, dann alle Zutaten unter die Schokolade rühren.

2. Die Mischung in Schokoladentafelformen füllen. In 1 bis 2 Stunden fest werden lassen.

3. Anschließend die Tafeln ausschlagen. Dazu ein Küchentuch auf die Arbeitsfläche legen, die Tafelformen umdrehen und vorsichtig mit einer Ecke auf den Tisch klopfen, sodass die Schokolade auf das Küchentuch fällt.

FÜR ETWA 450 GRAMM

je 200 g helle und dunkle Kuvertüre

30 g Orangeat

30 g Krokant (am besten vom Konditor)

2 g gemahlener Zimt

1 g gemahlener Koriander

Außerdem:

Metallformen für Schokoladentafeln

Zubereitungszeit: ca. 30 Minuten
Abkühlzeit: 1 bis 2 Stunden

RUM-ROSINEN-TAFELSCHOKOLADE

1. Die Rosinen für etwa 1 Woche in Rum einlegen und anschließend in einem Sieb abtropfen lassen. Die beiden Kuvertüresorten temperieren (siehe Seite 14/15). Krokant und Rosinen unterrühren.

2. Die Mischung in Schokoladentafelformen füllen. In etwa 2 Stunden fest werden lassen.

3. Anschließend die Tafeln ausschlagen. Dazu ein Küchentuch auf die Arbeitsfläche legen, die Tafelformen umdrehen und vorsichtig mit einer Ecke auf den Tisch klopfen, sodass die Schokolade auf das Küchentuch fällt.

FÜR ETWA 900 GRAMM

220 g Rosinen, 200 ml Rum

je 200 g helle und dunkle Kuvertüre

100 g Krokant (am besten vom Konditor)

Außerdem:

Metallformen für Schokoladentafeln

Marinierzeit: ca. 1 Woche
Zubereitungszeit: ca. 30 Minuten
Abkühlzeit: ca. 2 Stunden

ERDBEEREN MIT SCHOKOLADE ▸

FÜR ETWA 700 GRAMM

250 g frische Erdbeeren
200 g Fondant (vom Konditor)
4 cl Kirschwasser
250 g dunkle Kuvertüre

Zubereitungszeit: ca. 50 Minuten

1. Erdbeeren nicht waschen, nur trocken abpinseln. In jedem Fall die Stiele an den Erdbeeren lassen.

2. Den Fondant in einer Metallschüssel im Wasserbad auf 30 bis 40 °C erwärmen. Das Kirschwasser hinzufügen. Die trockenen Erdbeeren zu drei Viertel eintunken, auf Backpapier legen und den Fondant kurz trocknen lassen. **Achtung:** Der Fondant trocknet nur, wenn er warm genug war!

3. Kuvertüre temperieren (siehe Seite 14/15), dann die Erdbeeren am Stiel halb eintauchen – nach Wunsch so, dass ein weißer Fondantrand zu sehen bleibt. Auf Backpapier setzen und fest werden lassen.

SCHOKO-INGWERSTÄBCHEN ▸

FÜR 450 GRAMM

250 g eingelegter/konfierter Ingwer aus dem Glas
200 g dunkle Kuvertüre
Kakaopulver zum Wälzen

Abtropfzeit: über Nacht
Zubereitungszeit: ca. 45 Minuten

1. Den Ingwer aus dem Glas nehmen, auf ein Gitter legen und über Nacht abtropfen lassen.

2. Die Ingwerstücke dann in Stäbchen schneiden und diese erneut kurz trocknen lassen. Die Stäbchen in Kakaopulver wälzen, in ein Sieb geben und das überschüssige Pulver absieben.

3. Die Kuvertüre temperieren (siehe Seite 14/15). Die Ingwerstäbchen mit Kuvertüre überziehen, auf Backpapier trocknen lassen, dann erneut mit Kuvertüre überziehen.

KONFIERTE ORANGENSCHEIBEN MIT SCHOKOLADE

FÜR ETWA 700 GRAMM

250 g eingelegte/konfierte
Orangenscheiben aus dem Glas

200 g Fondant (vom Konditor)

4 cl Grand Marnier

200 g dunkle Kuvertüre

Abtropfzeit:
über Nacht

Zubereitungszeit:
ca. 45 Minuten

1. Die Orangenscheiben aus dem Glas nehmen, halbieren, auf ein Gitter legen und über Nacht abtropfen lassen.

2. Den Fondant in einer Metallschüssel im Wasserbad auf 30 bis 40 °C erwärmen. Den Grand Marnier hinzufügen und gut unterrühren.

3. Die Orangenscheiben so weit in den Fondant eintauchen, dass nur ein Fingerbreit ohne Fondant bleibt. Auf Backpapier legen und den Fondant kurz trocknen lassen. **Achtung:** Der Fondant trocknet nur, wenn er warm genug war!

4. Die Kuvertüre temperieren (siehe Seite 14/15). Die Orangenscheiben in die Kuvertüre tauchen, und zwar so, dass ein weißer Fondantrand zu sehen bleibt.

INFO

Dieses sowie das nebenstehende Rezept sind Lieblingsrezepte von Heinz-Richard Heinemann!

MANDARINEN MIT SCHOKOLADE

1. Die Mandarinen schälen, in die einzelnen Segmente teilen und die Haut der Fruchtsegmente mehrere Stunden trocknen lassen.

2. Den Fondant in einer Metallschüssel im Wasserbad auf 30 bis 40 °C erwärmen. Den Orangenlikör hinzufügen und gut unterrühren.

3. Die Mandarinen mithilfe einer Pralinengabel (siehe Seite 136f.) oder einer normalen, möglichst breiten Gabel in den Fondant eintauchen, auf Backpapier legen und den Fondant kurz trocknen lassen. **Achtung:** Der Fondant trocknet nur, wenn er warm genug war!

4. Die Kuvertüre temperieren (siehe Seite 14/15). Die Mandarinen wieder mithilfe einer Gabel in die Kuvertüre tauchen, auf ein Backblech setzen und den Überzug fest werden lassen.

VARIANTE

Ananas mit Schokolade 350 Gramm geschälte Ananasscheiben (am besten frische) achteln und die Oberfläche mehrere Stunden austrocknen lassen. 200 Gramm Fondant in einer Metallschüssel im Wasserbad auf 30 bis 40 °C Celsius erwärmen. 4 Zentiliter Orangenlikör hinzufügen und einrühren. Die Ananasstücke mit Holzspießen aufspießen und in den Fondant eintauchen, auf Backpapier legen und den Fondant kurz trocknen lassen. 200 Gramm dunkle Kuvertüre temperieren (siehe Seite 14/15). Die Ananasstücke mithilfe der Holzspießchen in die Kuvertüre tauchen, auf ein Backblech setzen und fest werden lassen.

Heinemann-Tipp

Lassen Sie Ihrer Kreativität freien Lauf! Verwenden Sie beispielsweise helle Kuvertüre statt der dunklen, oder garnieren Sie die Früchte zum Abschluss mithilfe eines Spritzbeutels mit einem schönen Muster!

FÜR ETWA 750 GRAMM

350 g Mandarinen
200 g Fondant (vom Konditor)
4 cl Orangenlikör
200 g dunkle Kuvertüre

Trockenzeit:
mehrere Stunden
Zubereitungszeit:
ca. 50 Minuten

MANDELSPLITTER

FÜR 300 GRAMM

200 g Mandelstifte
100 g helle Kuvertüre

Zubereitungszeit:
ca. 45 Minuten

1. Die Mandelstifte im Backofen bei 200 °C unter regelmäßigem Wenden dunkelbraun rösten. Auf Raumtemperatur abkühlen lassen.

2. Die Kuvertüre temperieren (siehe Seite 14/15). Die Mandelstifte jeweils in kleinen Portionen in eine kleine, handwarme Kasserolle geben und so wenig Kuvertüre hinzufügen, dass die Mandeln gerade vollständig umhüllt sind.

3. Dann mit einem Teelöffel die Mandelmasse in Häufchen auf ein Backpapier setzen. Diesen Vorgang wiederholen, bis alle Mandeln aufgebraucht sind.

VARIANTE

Kleine Osternester aus Mandelsplittern 200 Gramm Mandelsplitter im Backofen bei 200 °C unter ständigem Wenden goldbraun rösten. Auf Raumtemperatur abkühlen lassen. 100 Gramm helle Kuvertüre temperieren (siehe Seite 14/15). Die abgekühlten Mandelsplitter mit einem Löffel leicht unterheben. Ein Backblech mit Backpapier belegen und mit einem Esslöffel zehn kleine runde Nester auf das Blech legen. Wenn die Mandelsplitter-Nester fest geworden sind, etwas temperierte Kuvertüre mit dem Spritzbeutel in die Mitte aufspritzen und jeweils drei bunte Dragee-Eier hineinlegen. Nach dem Festwerden die Nester vom Backpapier nehmen.

»STUDENTENFUTTER«- SCHOKOBRUCH

1. Die Kuvertüre temperieren (siehe Seite 14/15). Die verschiedenen Nüsse und Trockenfrüchte gut mischen und hinzugeben.

2. Die Schoko-Nüsse-Früchte-Mischung etwa 1 Zentimeter hoch in eine eckige Form schütten. In 3 bis 4 Stunden fest werden lassen. Danach in unregelmäßige Stücke brechen.

INFO

Für dieses Rezept kann man keine exakten Mengen für die Nüsse und Trockenfrüchte angeben. Wie viel Sie benötigen, hängt von der Größe und auch der Konsistenz dieser geschmacks- und strukturgebenden Zutaten ab. Nur so viel zugeben, dass beim Mischen in der Masse noch eindeutig der flüssige Anteil, also die Kuvertüre überwiegt.

Heinemann-Tipp

Ein echter Hingucker für Ihre Kaffeetafel wird aus dem Schokobruch, wenn Sie mehrere Sorten in verschiedenen Farben herstellen, zum Beispiel Schokobruch mit dunkler, mit heller und mit weißer Kuvertüre. Achten Sie dabei darauf, dass die jeweils untergemischten Trockenfrüchte und Nüsse zur Kuvertüre passen. Zu weißer Kuvertüre machen sich beispielsweise Kokosflocken und Pistazienkerne besonders gut. Mischen Sie die verschiedenen Arten Schokobruch, und bieten Sie sie in einer Schüssel an.

FÜR ETWA 700 GRAMM

250 g dunkle Kuvertüre
250 g helle Kuvertüre
gemischte Nüsse und Trockenfrüchte nach Wahl
(z. B. geröstete Mandeln, geröstete Haselnüsse, Pistazien, Rosinen sowie gehackte, getrocknete Orangenschalen); siehe Info

Zubereitungszeit:
ca. 30 Minuten
Abkühlzeit:
3 bis 4 Stunden

HEISSE TRINKSCHOKOLADE

... DER KLASSIKER ▶

FÜR 6 TASSEN

1 l Milch, 1 Vanilleschote
100 g dunkle Kuvertüre oder
Edelbitter-Schokolade

Zum Garnieren (je Tasse):

1 EL geschlagene Sahne
etwas geraspelte Schokolade

Zubereitungszeit:
ca. 15 Minuten

1. Die Vanilleschote längs durch-schneiden. Die Kuvertüre klein hacken. Die Milch mit Vanilleschote aufkochen. Dann die Schote entfernen.

2. Das Mark aus der Vanilleschote kratzen und wieder zur Milch geben. Anschließend die Kuvertüre in der heißen Milch schmelzen.

3. Die heiße Schokolade mit geschlagener Sahne und geraspelter Schokolade garnieren.

... WIE FRÜHER

FÜR 6 TASSEN

155 g dunkle Kuvertüre oder
Edelbitter-Schokolade (70 %)

1 Vanilleschote

560 ml Milch

230 g Sahne

80 ml Wasser

30 g Zucker

Nach Belieben (pro Tasse):

1 EL geschlagene Sahne
etwas geraspelte Schokolade

Zubereitungszeit:
ca. 15 Minuten

1. Die Vanilleschote längs durch-schneiden. Die Kuvertüre klein hacken.

2. Milch, Sahne, Wasser und Zucker mit der Vanilleschote aufkochen. Dann die Vanilleschote entfernen, das Mark aus-kratzen und wieder zugeben.

3. Die gehackte Kuvertüre hinzugeben und unter gleichmäßigem Rühren mit einem Holzlöffel 2 bis 3 Minuten bei kleiner Hitze kochen. Auf Wunsch mit geschlagener Sahne und geraspelter Scho-kolade garnieren.

VARIANTEN

Russische Schokolade Heiße Trinkschokolade nach einem der Rezepte links
zubereiten. Mit 2 Zentiliter Cognac pro
Portion mischen und die Russische Schokolade in Tassen füllen. Jede Tasse mit
einer Sahnehaube garnieren, mit Kakaopulver besieben und servieren.

Irische Schokolade Heiße Trinkschokolade nach einem der Rezepte links zubereiten. Mit 2 Zentiliter irischem Whiskey
und 2 Esslöffel Blütenhonig pro Portion
mischen und die Irische Schokolade in
Tassen füllen. Jede Tasse mit einer Sahnehaube garnieren, mit geraspelter Schokolade bestreuen und servieren.

Schokoladen-Frappé Heiße Trinkschokolade nach einem der Rezepte links zubereiten und abkühlen lassen. Sechs Kugeln
Vanilleeis im Mixer mit der Trinkschokolade durchmixen. 120 Gramm steif geschlagene Sahne zugeben und alles ein zweites
Mal mixen. In hohen Gläsern sofort
servieren. ▶

SCHOKOLADEN-ORANGEN-KONFITÜRE ▶

FÜR ETWA 3300 GRAMM

100 g unbehandelte Bitterorangen
mit Schale

600 g unbehandelte Blutorangen
mit Schale

1 l Wasser

1400 g Zucker

25 g Pektin

Saft von 1/2 Zitrone

150 g Schokolade mit sehr hohem
Kakaogehalt (idealerweise 100 %,
mindestens 80 %)

Außerdem:

einige sterile Marmeladengläser

Zubereitungszeit: ca. 30 Minuten
Kochzeit: ca. 45 Minuten

1. Die Orangen gründlich abwaschen und vierteln. Das Weiße in der Mitte der Orangen wegschneiden. Die Orangenviertel mit Schale in sehr feine Stücke hacken.

2. Das Wasser mit den Orangenstücken zum Kochen bringen und bei kleiner Hitze 45 Minuten weiterkochen. Den Zucker mit dem Pektinpulver mischen und zusammen mit dem Zitronensaft in die kochende Konfitüre geben.

3. Die klein gehackte Schokolade dazugeben, nochmals 5 Minuten durchkochen und dann die Konfitüre in die Marmeladengläser abfüllen.

WARMER SCHOKO-EIERPUNSCH

FÜR 6 TASSEN

150 g dunkle Kuvertüre

500 ml Milch

4 Eigelb

125 g Puderzucker

1 TL gemahlener Zimt

1 TL Vanillezucker

50 ml Rum

Zubereitungszeit:
ca. 25 Minuten

1. Die Kuvertüre fein hacken. Milch erwärmen und die Kuvertüre zugeben. Gut mischen, bis die Kuvertüre sich auflöst.

2. Eigelb mit Zucker und Zimt schaumig schlagen. Rum und Vanillezucker zugeben. Die Schokoladenmilch zugießen.

3. Alles bei kleiner Hitze unter heftigem Rühren mit dem Schneebesen erhitzen; nicht heißer als 80 bis 85 °C, sonst gerinnt das Ei! Sofort in Punschgläser gießen und heiß servieren.

SCHOKOLADEN-KUCHEN

Was wäre ein geselliger Sonntagnachmittag ohne Kuchen? Genießen Sie Klassiker wie die Schwarzwälder Kirschtorte, schwelgen Sie in einer fruchtigen Schoko-Orangen-Tarte oder entdecken Sie die Vielseitigkeit der Montego-Roulade mit ihren verschiedenen Füllungen! Hier finden Sie süße Schokoladenideen für jede Gelegenheit: lustige Mohrenköpfe zum Karneval, eine Kürbistorte mit Mousse au Chocolat für die Halloween-Party oder einen einfachen Schoko-Rührkuchen für zwischendurch.

KLASSIKER KUNSTVOLL VERZIERT

Mit der Herrentorte verbindet Heinz-Richard Heinemann ein ganz besonderes Verhältnis. Schließlich war es sein eigener Vater Hermann Heinemann, der sie 1932 erfunden hatte. Und wie so viele andere Köstlichkeiten in den Heinemann-Konditoreien wird auch die Herrentorte weiterhin streng nach dem Originalrezept zubereitet. Zwar bemüht sich der Konditormeister ständig um die Verbesserung seiner Kreationen. Aber warum sollte man etwas verändern, was so lecker schmeckt?

Tatsächlich gibt es bei vielen köstlichen Tortenklassikern keinen Grund, das bewährte Rezept durch willkürliche Veränderungen abzuwandeln und es damit im Zweifel zu verschlechtern. Während einige Torten ganz leicht nachgebacken werden können, stellen andere jedoch durchaus eine Herausforderung für ungeübte Hobbykonditoren dar. In ein oder zwei Fällen ist ein regelrechter Arbeitsplan für die verschiedenen Abkühlphasen nötig. Wer allerdings die Anweisungen genau befolgt, dem werden auch anspruchsvolle Rezepte gelingen.

Aufwendige Torten mit Buttercreme oder Sahnetorten empfehlen sich für besondere und festliche Anlässe. Ausgesprochen schön ist es natürlich, wenn man die Torte in diesen Fällen mit einem essbaren, aus Marzipan gefertigten und selbst beschrifteten Schild schmücken kann. Und auch andere Ornamente sorgen dafür, dass ein leckeres Stück Sahnetorte wie frisch vom Konditor aussieht. Lesen Sie im Folgenden, wie Sie dekorative Ornamente und Schilder selbst herstellen:

MARZIPANSCHILDER HERSTELLEN UND BESCHRIFTEN

Etwas Marzipanrohmasse etwa 3 Millimeter dick ausrollen und ein Schild in Wunschform ausstanzen oder ausschneiden. Einen Namenszug oder Text auf Papier entwerfen. Diese Vorlage auf das Marzipanschild legen und die Linien vorsichtig mit einem spitzen Gegenstand durchdrücken. Mit temperierter Kuvertüre (siehe Seite 14/15) nachspritzen.

SCHOKOLADENBLÄTTER

Einige feste, frische Blätter, beispielsweise von Wein, Buche, Efeu oder Lorbeer mit einem feinen Tuch sauber reiben. Glatte, flache Blätter über die Oberfläche von gut temperierter dunkler, heller oder weißer Kuvertüre (siehe Seite 14/15) ziehen; gewölbte Blätter mit kräftiger Struktur mit einem schmalen Pinsel bestreichen. Ist die Schokolade völlig erstarrt, lässt sich das Blatt abziehen.

Wichtig: Die Schokolade darf beim Bestreichen nicht über den Blattrand laufen, sonst löst sie sich nicht!

ZWEI- ODER MEHRFARBIGE ORNAMENTE AUS SCHOKOLADE

Eine Vorlage von einem Bild abpausen und unter eine starke Klarsichtfolie legen. Zwei oder drei verschiedenfarbige Sorten Kuvertüre bereitstellen. Die äußeren Konturen mit einer Sorte temperierter Kuvertüre (siehe Seite 14/15) nachspritzen. Anziehen lassen. Eine zweite Sorte Kuvertüre temperieren und die Freiräume in dem Ornament damit ausfüllen. Fest werden lassen. Auf Wunsch kann dieser Vorgang sogar noch mit einer dritten Kuvertüresorte wiederholt werden. Wenn die Kuvertüre hart ist, das Ornament vorsichtig umdrehen und die Folie abziehen. Ideal geeignet zum Garnieren von Kuchen und Torten.

Feste, glatte Pflanzenblätter eignen sich am besten zur Herstellung von Schokoblättern.

SCHOKO-ORANGEN-TARTE

FÜR EINE TARTEFORM VON 28 CM Ø

Für die Orangencreme (am besten am Tag vorher herstellen):

3 Blatt Gelatine

240 g Zucker

15 g Glukosesirup

135 g Butter

abgeriebene Schale und Saft von 2 unbehandelten Orangen

Saft von 1 Zitrone

6 Eigelb

Für den Mürbeteigboden:

250 g Mehl

75 g Puderzucker

125 g Butter

1 Ei

1 Prise Salz

Für die Mousse:

600 g dunkle Kuvertüre

225 g weiche Butter

6 Eier

75 g Zucker

100 g Sahne

Außerdem:

Zuckerthermometer

Vorbereitungszeit (am Vortag):
ca. 30 Minuten

Zubereitungszeit (inkl. Kühlzeiten beim Zubereiten, ohne Kühlzeit vor dem Servieren):
ca. 2 Stunden

Backzeit:
ca. 20 Minuten

1. Für die Orangencreme die Gelatine einweichen (siehe Glossar). Zucker, 90 Milliliter Wasser und den Glukosesirup auf 112 °C kochen (Zuckerthermometer verwenden). Die Butter einrühren, Orangenschale, -saft und Zitronensaft zugeben und alles aufkochen. Das Eigelb mit der heißen Masse angleichen (siehe Glossar) und auf 82 °C erhitzen. Zum Schluss die eingeweichte Gelatine einrühren. Die Orangencreme bis zur Verwendung kalt stellen.

2. Für den Mürbeteigboden alle Zutaten rasch zu einem glatten Teig verarbeiten, diesen in Klarsichtfolie einwickeln und 30 Minuten kalt stellen. Backofen auf 180 °C vorheizen.

3. Den Mürbeteig etwa 3 Millimeter dünn ausrollen und die Tarteform damit auslegen. Im vorgeheizten Ofen (mittlere Schiene) 20 Minuten backen. Die Tarteform aus dem Ofen nehmen und auskühlen lassen. Erst dann den Boden vorsichtig aus der Form nehmen.

4. Für die Mousse die Kuvertüre im Wasserbad schmelzen. Die Butter (sie soll sehr weich, aber nicht flüssig sein) einrühren. Die Eier mit dem Zucker schaumig-cremig aufschlagen. Die flüssige Sahne unter die Eiermischung rühren und das Ganze zur Schokoladenmischung geben. Abkühlen lassen.

5. Die Orangencreme glatt rühren und auf dem Mürbeteigboden verteilen. Die Mousse darauf verstreichen.

6. Die Schoko-Orangen-Torte vor dem Servieren gut durchkühlen lassen. Nach Wunsch mit frischen oder konfierten Orangenscheiben garnieren.

RÜHRKUCHEN MIT SCHOKOLADENGLASUR

FÜR ZWEI KASTENFORMEN VON JE 30 CM LÄNGE

Für den Kuchen (am Vortag herstellen):

280 g Butter

240 g Zucker

1 Prise Salz

Mark von 1 Vanilleschote

350 g dunkle Kuvertüre

8 Eigelb

5 Eiweiß

140 g Mehl

Fett für die Form

Für den Schokoguss:

100 g helle Kuvertüre

1 EL dünnflüssiger Honig (20 g)

4 EL Kondensmilch (70 ml)

Zubereitungszeit (am Vortag):
ca. 45 Minuten

Zeit zum Fertigstellen:
ca. 25 Minuten

1. Für den Kuchen zuerst die Butter, 80 Gramm Zucker, Salz und das Vanillemark schaumig rühren.

2. Die Kuvertüre im Wasserbad schmelzen und abkühlen lassen. Das Eigelb und die abgekühlte Schokolade unter die Buttermasse rühren. Den Backofen auf 170 °C vorheizen.

3. Eiweiß und den restlichen Zucker zu cremigem Schnee aufschlagen. Ein Drittel davon zu der Buttermasse geben und angleichen (siehe Glossar). Das Mehl sieben. Den restlichen Eischnee zusammen mit dem Mehl kräftig unterrühren.

4. Die Masse in die gefetteten Formen füllen und im vorgeheizten Backofen (mittlere Schiene) etwa 75 Minuten backen. In der Form auskühlen lassen, stürzen und über Nacht abgedeckt stehen lassen.

5. Für den Schokoguss zum Überziehen die helle Kuvertüre temperieren (siehe Seite 14/15), den leicht erwärmten Honig und die Kondensmilch (Zimmertempe-ratur) zugeben und zu einer glatten Masse verrühren. Den Überzug auf den Kuchen gießen, mit einer Palette gleichmäßig verteilen und abkühlen lassen.

▶ Rezeptfoto siehe Buchcover

VARIANTE

Marmorkuchen 270 Gramm Butter, 250 Gramm Zucker und das Mark von 1 Vanilleschote mischen und glatt rühren. 5 Eier, 380 Gramm Mehl und 120 Gramm Speisestärke mit 3 Teelöffeln Backpulver vermischt sowie 120 Gramm Sahne nach und nach zugeben und die Masse leicht schaumig rühren. Ein Drittel der Masse in einer separaten Schüssel mit 30 Gramm Kakaopulver und 4 Zentiliter Rum vermengen. Den Backofen auf 180 °C vorheizen. Die beiden Massen abwechselnd in Portionen in zwei mit Backpapier ausgelegte Kastenformen (von 30 Zentimeter Länge) einfüllen. Mit einer Gabel spiralförmig durch den Teig ziehen und den Kuchen im Ofen (mittlere Schiene) 60 bis 65 Minuten backen.

SANDKUCHEN MIT SCHOKOLADE

1. Die Eier in eine Metallschüssel geben und im Wasserbad lauwarm verrühren. Nach und nach den Zucker, die Vanilleschote, die Zitronenschale und das Salz hinzugeben. Dann die Mischung im Mixer kalt aufschlagen.

2. Den Backofen auf 180 °C vorheizen. Mehl und Speisestärke mischen, sieben und unter die Ei-Masse mengen. Die Butter schmelzen und zum Schluss unterziehen.

3. Den Teig in die mit Backpapier ausgelegten Kastenformen füllen und im vorgeheizten Ofen (mittlere Schiene) 50 bis 60 Minuten backen. Die Kuchen abkühlen lassen und auf ein Backpapier stürzen. Die Kuvertüre temperieren (siehe Seite 14/15) und über den Kuchen gießen. Bis zum Servieren kühl stellen.

Heinemann-Tipp

Der Sandkuchen eignet sich hervorragend zum Garnieren. So können Sie zum Beispiel kandierte Kirschen in den Überzug drücken, solange dieser noch weich ist … für jede Scheibe eine. Selbstverständlich können Sie auch andere Früchte oder Nüsse aufstreuen. Oder Sie temperieren zusätzlich zur dunklen Kuvertüre in einem separaten Gefäß 50 Gramm helle Kuvertüre und spritzen mit dieser in den noch nicht erkalteten Überguss Netzlinien auf.

FÜR ZWEI KASTENFORMEN VON JE 30 CM LÄNGE

5 Eier

250 g Zucker

1 Vanilleschote

abgeriebene Schale von 1/2 unbehandelten Zitrone

1 Prise Salz

125 g Mehl

125 g Speisestärke

180 g Butter

200 g dunkle Kuvertüre

Zubereitungszeit:
ca. 50 Minuten

Backzeit:
ca. 60 Minuten

SCHOKOLADENKRANZ MIT ORANGEN-MARZIPAN-FÜLLUNG

**FÜR EINE GLATTE KRANZFORM VON 18 CM Ø ODER
ZWEI SPRINGFORMEN VON 18 CM Ø**

**Für den Kranz
(am Tag vorher herstellen):**

120 g dunkle Kuvertüre

7 Eier

150 g Butter

1 TL Vanillezucker

180 g Zucker

140 g fein gemahlene Mandeln

100 g Biskuitbrösel (siehe Tipp)

Butter und Mehl für die Form(en)

Für die Füllung:

70 g weiches Orangeat

100 g Marzipanrohmasse

Saft von 1/2 Orange

2 cl Grand Marnier

Für die Fertigstellung:

50 g Aprikosenmarmelade

dunkle Schokoladenspäne

weiße Schokoladenspäne

Außerdem:

Speisenthermometer

Vorbereitungszeit (am Vortag):
ca. 30 Minuten

Backzeit:
ca. 60 Minuten

Zubereitungszeit:
ca. 20 Minuten

1. Den Backofen auf 180 °C vorheizen. Die Kuvertüre im Wasserbad schmelzen und auf 30 °C abkühlen lassen. Die Eier trennen. Die geschmolzene Kuvertüre mit der Butter, dem Vanillezucker und dem Eigelb schaumig rühren.

2. Das Eiweiß mit dem Zucker zu Schnee schlagen und unter die Schaummasse heben. Die Mandeln mit den Biskuitbröseln mischen und unter Rühren ebenfalls hinzugeben.

3. Die Form(en) mit Butter ausstreichen und mehlen. Die Masse einfüllen und glatt streichen. Im vorgeheizten Ofen (mittlere Schiene) 50 bis 60 Minuten backen. Mit der Stäbchenprobe (siehe Glossar) kontrollieren, ob der Kuchen auch innen gut gebacken ist. Auskühlen und über Nacht ruhen lassen.

4. Für die Füllung das Orangeat fein hacken. Marzipan, Orangensaft, Grand Marnier und Orangeat vermischen.

5. Zum Fertigstellen die Aprikosenmarmelade erhitzen. Den gebackenen Kranz zweimal teilen und mit der Marzipanmischung füllen. Die Oberfläche mit heißer Aprikosenmarmelade bestreichen und abkühlen lassen.

6. Den Kranz mit dunklen Schokoladenspänen einstreuen und dann mit weißen Schokoladenspänen garnieren.

Heinemann-Tipp

Biskuitbrösel können Sie aus übrigen Biskuitböden (z. B. vom Rezept S. 56f.) leicht selbst herstellen. Der gebackene Schokoladenkranz sollte möglichst über Nacht ruhen, so entwickelt er sein volles Aroma.

SCHWARZWÄLDER KIRSCHTORTE

FÜR EINE SPRINGFORM VON 26 CM Ø

Für den Tortenboden aus Mürbeteig (am besten am Tag vorher herstellen):

60 g Butter

3 EL Puderzucker (30 g)

1 Prise Salz

Mark von 1/2 Vanilleschote

1 Eigelb

90 g Mehl Type 550 oder 1050

Für die Schokoladen-Biskuitböden:

8 Eier

80 g Butter

150 g Zucker

1/2 TL Vanillezucker

40 g gemahlene Haselnüsse

70 g dunkle Kuvertüre

50 g Mehl

100 g Biskuitbrösel
(siehe Tipp Seite 38)

Für die Kirschfüllung:

400 g Sauerkirschen

100 g Zucker

25 g Speisestärke

Für die Kirschwassersahne:

4 Blatt Gelatine

30 ml Kirschwasser

50 g Zucker

1 kg gut gekühlte Sahne

Für die Fertigstellung:

60 ml Kirschwasser

40 ml Läuterzucker (siehe Glossar)

50 g dunkle Kuvertüre

Schokospäne und Kirschen
zum Dekorieren

Außerdem:

Tortenring

Spritzbeutel mit
weiter Sterntülle

Zubereitungszeit:
ca. 75 Minuten

Backzeit:
ca. 60 Minuten

Kühlzeit:
ca. 1 Stunde

1. Für den Mürbeteig alle Zutaten – bis auf das Mehl – in kühlem Zustand zu einer glatten Masse verkneten. Dann das Mehl unterarbeiten. Den Teig in Frischhaltefolie wickeln und kühl stellen, am besten über Nacht, dann lässt er sich besser weiterverarbeiten.

2. Den Backofen auf 160 °C vorheizen. Inzwischen den Mürbeteig ausrollen und einen Boden von 26 Zentimeter Durchmesser ausstechen.

3. Eine Springform mit Backpapier auslegen und den Teig hineingeben. Mehrmals mit einer Gabel einstechen und im vorgeheizten Ofen (mittlere Schiene) etwa 20 Minuten backen.

4. Für die Schoko-Biskuitböden die Eier trennen. Butter schmelzen und lauwarm abkühlen lassen. Eigelbe, 50 Gramm Zucker, den Vanillezucker und die gemahlenen Haselnüsse mischen und schaumig rühren. Die Kuvertüre auflösen, zugeben und gut mischen. Danach die lauwarm geschmolzene Butter und anschließend das Mehl unterrühren. Den Backofen auf 190 °C vorheizen.

5. Das Eiweiß mit dem restlichen Zucker zu Schnee schlagen, mit der Eigelbmasse angleichen (siehe Glossar) und die Biskuitbrösel unterheben.

6. Den Tortenring (26 Zentimeter Durchmesser) auf ein mit Backpapier ausgelegtes Blech setzen und den Teig einfüllen. Im vorgeheizten Ofen (mittlere Schiene) 35 bis 40 Minuten backen. Nach dem Backen den Biskuit abkühlen lassen und quer in drei etwa gleich starke Böden schneiden.

7. Für die Kirschfüllung die Kirschen entsteinen und zusammen mit dem Zucker langsam erwärmen. Den austretenden Saft (etwa 150 Milliliter) abgießen und erkalten lassen.

8. Den Kirschsaft mit der Speisestärke anrühren. Die Kirschen hinzufügen und das Ganze noch einmal kurz aufkochen, dann für die weitere Verarbeitung abkühlen lassen.

9. Für die Kirschwassersahne die Gelatine in kaltem Wasser einweichen (siehe Glossar). Anschließend gut ausdrücken, in einem Schälchen im Wasserbad auflösen und mit dem Kirschwasser und Zucker verrühren. In eine Schüssel geben. Die Sahne steif schlagen und die Gelatinelösung mit einem kleinen Teil davon angleichen (siehe Glossar). Dann die restliche Sahne unterheben.

10. Für die Fertigstellung das Kirschwasser und den Läuterzucker aufkochen und abkühlen lassen. Die dunkle Kuvertüre im Wasserbad schmelzen.

11. Den abgekühlten Mürbeteigboden mit der flüssigen Kuvertüre bestreichen, einen Schokoladen-Biskuitboden auflegen und eine dünne Schicht Kirschwassersahne aufstreichen.

12. Mit einem Spritzbeutel zwei bis drei dicke Ringe Kirschwassersahne aufspritzen und die Zwischenräume mit den vorbereiteten Sauerkirschen füllen.

13. Einen zweiten Schokoladen-Biskuitboden auflegen und mit etwa der Hälfte des abgekühlten Kirschwasser-Sirups tränken. Eine weitere dünne Schicht Kirschwassersahne aufstreichen.

14. Den Tortenring um die Torte legen. Den dritten Boden auflegen und mit dem Rest des Kirschwasser-Sirups tränken. Die Kirschwassersahne, bis auf einen kleinen Rest für den Tortenrand, auf der Oberfläche verteilen, glatt streichen und die Torte für 1 Stunde kühl stellen.

15. Nach dem Kühlstellen den Ring vorsichtig abheben. Die Seiten der Torte mit der übrigen Kirschwassersahne bestreichen. Mit Schokospänen, Kirschwassersahnetupfern und Kirschen garnieren.

MONTEGO-ROULADE

**FÜR 1 ROULADE,
ETWA 6 SCHEIBEN**

Für die Biskuitmasse:

70 g Mehl

10 g Kakaopulver

30 g Speisestärke

5 Eier

60 g Puderzucker

40 g Zucker

Für die Buttercreme:

2 Eier

100 g Zucker

1 Prise Salz

250 g Süßrahmbutter

Außerdem:

Zucker zum Bestreuen des Tuchs

Zubereitungszeit:
ca. 80 Minuten

Backzeit:
ca. 15 Minuten

1. Den Backofen auf 190 °C vorheizen. Backblech mit Backpapier belegen. Mehl mit Kakao und Speisestärke versieben.

2. Eier in Eigelb und Eiweiß trennen. Eigelb mit Puderzucker schaumig rühren. Eiweiß mit Zucker zu einem cremigen Schnee schlagen. Ein Drittel davon in die Eigelbmasse rühren, den restlichen Schnee und die Mehl-Kakao-Mischung behutsam unterheben.

3. Die Masse auf das Blech streichen und im vorgeheizten Backofen (unterste Schiene) 15 Minuten backen.

4. Das Blech mit dem Biskuit aus dem Backofen nehmen, den Biskuit auf ein mit Zucker bestreutes Küchentuch stürzen und auskühlen lassen.

5. Für die Buttercreme Eier, Zucker und Salz in einer Metallschüssel im Wasserbad leicht erwärmen und aufschlagen. Wenn die Masse etwa Körpertemperatur hat, sie aus dem Wasserbad nehmen und weiter kalt schlagen. Die zimmerwarme Butter so lange schlagen, bis sie weiß, luftig und sahnig ist (etwa 15 Minuten). Die Butter mit der Eimasse mischen.

6. Die erkaltete Biskuitplatte dick mit Buttercreme bestreichen und aufrollen. Die Roulade in 4 bis 5 Zentimeter dicke schräge Scheiben schneiden und servieren.

Heinemann-Tipp

Damit der Biskuit schön weich bleibt und beim Aufrollen nicht bricht, können Sie nach dem Stürzen das Backpapier leicht anfeuchten. Ziehen Sie es erst dann ab, wenn der Biskuit abgekühlt ist.

INFO

Auf Seite 30 ist dieses Rezept mit zwei verschiedenen Cremefüllungen abgebildet, unter anderem auch in einer Variante, bei der die Buttercreme mit 150 Gramm entsteinten Kirschen (mit Küchentuch abtupfen!) gemischt wird.

BUTTERCREME-VARIANTEN

Schoko-Buttercreme Die Buttercreme wie im Rezept für die Montego-Roulade links zubereiten. 70 Gramm dunkle Kuvertüre grob zerkleinern, im Wasserbad schmelzen und unter die Buttercreme heben, danach 6 Zentiliter Rum einrühren. Die Schoko-Buttercreme vor dem Aufstreichen gut durchkühlen lassen.

Mango-Buttercreme Die Buttercreme wie im Rezept für die Montego-Roulade links zubereiten. 1 reife Mango schälen, das Fruchtfleisch vom Kern schneiden, pürieren und durch ein nicht zu feines Sieb streichen. Das Mangopüree mit der Buttercreme verrühren und die Masse gut durchkühlen lassen. Eine zweite reife Mango schälen, in sehr dünne Streifen schneiden. Diese Streifen vor dem Aufstreichen der Buttercreme auf der Biskuitplatte verteilen.

Kirschwasser-Buttercreme Die Buttercreme wie im Rezept für die Montego-Roulade links zubereiten. 3 Zentiliter Kirschwasser unterrühren und die Creme gut durchkühlen lassen. Vor dem Aufstreichen der Kirschwasser-Buttercreme die Biskuitplatte mit 150 Gramm Kirschkonfitüre bestreichen.

Heinemann-Tipp

Buttercreme mit anderen Zutaten zu mischen ist nicht so einfach. Oft wird die Creme nicht richtig glatt, und das Fett der Butter hebt sich ab. Schuld daran sind die Temperaturunterschiede! Vermeiden lässt sich das Problem, indem man Buttercreme-Mischungen sekundenweise auf ein Wasserbad stellt und mit dem Schneebesen gut durchrührt, bis der Fehler behoben ist. Buttercreme lässt sich übrigens wunderbar einfrieren. Das hier angegebene Rezept ergibt etwa 500 Gramm. Sie können problemlos die doppelte Menge auf Vorrat zubereiten.

MOHRENKÖPFE

FÜR 6 STÜCK

**Für die Biskuitschalen
(am Vortag herstellen):**

7 Eier

70 g Mehl

20 ml Wasser

90 g Zucker

70 g Speisestärke

Für die Vanillecreme:

1 l Milch

120 g Zucker

60 g Butter

2 Vanilleschoten

40 g Speisestärke

8 Eigelb

Kochschokolade für den Überzug:

500 g Fondant (vom Konditor)

70 ml Wasser

300 g dunkle Kuvertüre

Außerdem:

Spritzbeutel mit weiter Lochtülle

Zubereitungszeit:
ca. 75 Minuten

Backzeit:
ca. 30 Minuten

1. Für die Biskuitschalen die Eier trennen. Das Eigelb, das Mehl und das Wasser so lange rühren, bis es nicht mehr zäh ist. Den Backofen auf 180 °C vorheizen. Ein Blech mit Backpapier belegen.

2. Eiweiß und Zucker zu Eischnee aufschlagen. Zum Schluss die Speisestärke unterrühren. Den Eischnee auf die Eigelbmasse geben und vorsichtig unterheben.

3. Mit einem Spritzbeutel zwölf große Halbkugeln auf Backpapier aufspritzen und diese im Backofen (mittlere Schiene) in etwa 30 Minuten goldbraun backen.

4. Am nächsten Tag die Halbkugeln mithilfe eines kleinen Messers und einem Teelöffel aushöhlen.

5. Für die Vanillecreme die Milch, bis auf eine kleine Menge von einigen Esslöffeln, den Zucker, die Butter und die aufgeschlitzten Vanilleschoten aufkochen.

6. Den Rest der Milch mit Stärke und Eigelb verrühren, in die gekochte Milch geben und nochmals aufkochen. Die Vanilleschoten entfernen und die fertige Creme abkühlen lassen.

7. Die Creme in die Hälfte der Biskuitschalen füllen, dann jeweils mit einer weiteren Biskuitschale bedecken.

8. Für den Schokoladenüberzug alle Zutaten zusammen aufkochen, etwas abkühlen lassen, die Mohrenköpfe damit überziehen. Nach Wunsch mit farbigen Gesichtern dekorieren (siehe Tipp rechts).

Heinemann-Tipp

Die Vanillecreme kann noch mit Cognac, Weinbrand oder Rum nach Geschmack verfeinert werden. Wenn Sie Aprikosenmarmelade aufkochen und die gefüllten Biskuitschalen vor dem Überziehen mit Schokolade damit einpinseln, wird die Glasur besonders glatt und glänzend.

VARIANTE

Lustige Mohrenköpfe Mit farbigem Fondant lassen sich die Mohrenköpfe für Karnevalsfeiern und Kindergeburtstage dekorieren: Fondant zum Überziehen der Mohrenköpfe (vom Konditor) im Wasserbad schmelzen und auf der Kochstelle vorsichtig auf 35 bis 40 °C erwärmen. Den Fondant mit Lebensmittelfarbe nach Wunsch färben und die Mohrenköpfe damit überziehen. Temperierte Kuvertüre (siehe Seite 14/15) oder alternativ Eiweißglasur (siehe Tipp) in einen Spritzbeutel mit kleiner Lochtülle füllen und lustige Gesichter auf die bunten Mohrenköpfe spritzen.

Heinemann-Tipp

Für die Eiweißglasur 1 Eiweiß in eine Schüssel geben und mit dem elektrischen Handrührgerät rühren. Dabei nach und nach Puderzucker hinzugeben, bis die Masse fest und schaumig ist. Auf Wunsch mit Lebensmittelfarbe färben.

SACHERTORTE

FÜR EINE TORTE VON 23 CM Ø

Für Teig und Füllung:

120 g dunkle Kuvertüre

120 g weiche Butter

40 g Puderzucker

6 Eier

160 g Zucker

120 g Mehl

300 g Aprikosenkonfitüre

Für die Schokoglasur:

450 g Zucker

180 ml Wasser

375 g dunkle Kuvertüre

Außerdem:

Tortenring

Zuckerthermometer

Zubereitungszeit:
ca. 75 Minuten

Backzeit:
ca. 60 Minuten

1. Den Backofen auf 180 °C vorheizen. Ein Blech mit Backpapier belegen. Die Kuvertüre temperieren (siehe Seite 14/15) und in die weiche Butter einrühren. Den Puderzucker zugeben, die Masse schaumig rühren. Die Eier trennen. Nach und nach das Eigelb unter die Buttermasse mischen.

2. Eiweiß mit Zucker zu Schnee schlagen und diesen mit der schaumigen Schokomasse mischen. Das gesiebte Mehl unterheben.

3. Den Tortenring (23 Zentimeter Durchmesser) auf das Backpapier stellen und die Masse einfüllen. Im vorgeheizten Ofen (mittlere Schiene) 50 bis 60 Minuten backen. Abkühlen lassen.

4. Die abgekühlte Torte aus dem Ring nehmen und mit einem langen Sägemesser in der Mitte quer durchschneiden. Die untere Tortenhälfte mit 150 Gramm Aprikosenkonfitüre bestreichen, dann den Deckel wieder auflegen und die Torte auf ein Kuchengitter stellen. Die restlichen 150 Gramm Aprikosenkonfitüre mit 2 bis 3 Esslöffeln Wasser aufkochen und mit einem Pinsel auf der Torte obenauf und rundum verteilen.

5. Für die Schokoglasur Zucker und Wasser zusammen aufkochen. Die klein gehackte Kuvertüre zugeben, etwa 30 Minuten bei 110 °C einkochen (Zuckerthermometer verwenden). Die Masse durch ein Sieb gießen, dann die Hälfte der Glasur auf dem Tisch mit einer Palette hin- und herstreichen (tablieren), bis sie fester und heller wird. Zurück in den Topf geben, durchrühren und erneut die Hälfte tablieren.

6. Danach die Schokolade wieder gut durchrühren, direkt aus dem Topf auf die Torte laufen lassen und mit wenigen Strichen der Palette kurz verteilen. Die Glasur bei Raumtemperatur fest werden lassen.

Heinemann-Tipp

Es gibt viele Sachertorten-Rezepte; dieses ist die von Heinz-Richard Heinemann bevorzugte Variante. Die Torte schmeckt am besten tagesfrisch, mit Schlagsahne.

INFO

Natürlich kann man auch eine andere, einfachere Glasur nehmen, aber die hier beschriebene passt geschmacklich am besten.

MOUSSE-AU-CHOCOLAT-TORTE

FÜR ZWEI TORTEN VON 23 CM Ø UND 3 CM HÖHE

Für die Schokoladen-Biskuitböden:

4 Eiweiß

50 g Zucker

3 Eigelb

130 g dunkle Kuvertüre

110 g Butter

50 g Mehl

Für die Mousse:

300 g dunkle Kuvertüre

600 g Sahne

4 Eigelb

Für die Glasur:

500 g Fondant (vom Konditor)

60 ml Wasser

300 g dunkle Kuvertüre

weiße Schokoladenspäne

Außerdem:

2 (flache) Tortenringe

Zubereitungszeit:
ca. 60 Minuten

Backzeit:
ca. 20 Minuten

Gefrierzeit:
über Nacht

1. Für die Biskuitböden das Eiweiß mit dem Zucker zu Schnee schlagen. Das Eigelb glatt rühren und unter den Eischnee ziehen. Den Ofen auf 180 °C vorheizen. Ein Backblech mit Backpapier belegen.

2. Kuvertüre und Butter getrennt schmelzen, lauwarm vermischen und mit dem Mehl unter den Eischnee heben. Die Masse in die zwei Tortenringe (23 Zentimeter Durchmesser) jeweils 1 Zentimeter hoch einfüllen und im vorgeheizten Ofen (mittlere Schiene) 20 Minuten backen.

3. Für die Mousse au Chocolat die Kuvertüre zerkleinern. 150 Gramm Sahne aufkochen und die Kuvertüre unter Rühren darin schmelzen. Auf Körpertemperatur abkühlen lassen.

4. Die restliche Sahne steif schlagen. Das Eigelb schaumig rühren und unter die Kuvertüre mischen. Die Masse unter die geschlagene Sahne heben.

5. Die zwei Tortenringe mit Folie auslegen. Die Biskuitböden einlegen, Mousse einfüllen und glatt streichen und die Torten über Nacht einfrieren.

6. Für die Glasur den Fondant mit dem Wasser und der Kuvertüre zusammen aufkochen. Etwas abkühlen lassen.

7. Die gefrorenen Mousse-au-Chocolat-Torten sofort ohne Antauen auf ein Gitter setzen und mit Glasur überziehen. Mit Spänen von weißer Schokolade garnieren und sofort servieren.

BISKUITTASCHEN MIT EIERLIKÖR-SCHOKOMOUSSE

FÜR 8 STÜCK

Für die Biskuittaschen:

5 Eier

90 g Zucker

1 Prise Vanillezucker

1 Prise Salz

45 g Mehl

40 g Speisestärke

Für die Vanillecreme:

500 ml Milch

60 g Zucker

30 g Butter

1 Vanilleschote

20 g Speisestärke

4 Eigelb

Für die Schokoladencreme:

100 g dunkle Kuvertüre

100 g Sahne

50 g Zucker

2 Eigelb

Für die Eierlikörmousse:

7 Blatt Gelatine

200 ml Eierlikör (20 % Vol.)

200 g Vanillecreme (siehe links)

450 g steif geschlagene Sahne (kühl gestellt)

Außerdem:

Spritzbeutel mit weiter Lochtülle

Zucker für das Backpapier

Zubereitungszeit: ca. 60 Minuten

Backzeit: ca. 10 Minuten

1. Für die Biskuittaschen die Eier trennen. Das Eigelb mit der Hälfte des Zuckers, dem Vanillezucker und dem Salz gut schaumig schlagen. Den Backofen auf 220 °C vorheizen. Ein Blech mit Backpapier belegen.

2. Eiweiß mit dem restlichen Zucker so lange aufschlagen, bis es schaumig, aber noch nicht steif ist. Mehl mit Speisestärke mischen und sieben. Das Eiweiß auf das geschlagene Eigelb geben. Das gemischte Mehl hinzugeben und alles gut, aber nicht zu lange mischen (sonst fällt die Masse zusammen).

3. Die Masse in den Spritzbeutel füllen und spiralförmig Kreise mit einem Durchmesser von etwa 10 Zentimeter aufspritzen. 8 bis 10 Minuten im vorgeheizten Ofen (mittlere Schiene) backen. Nach dem Backen auf ein gezuckertes Backpapier stürzen und abkühlen lassen.

4. Für die Vanillecreme die Vanilleschote halbieren. Die Milch (eine kleine Menge zurückbehalten) zusammen mit Zucker, Butter und der Vanilleschote aufkochen. Dann die Vanilleschote herausnehmen, das Mark herauskratzen und dieses zurück in die Flüssigkeit geben.

5. Den Rest der Milch mit der Speisestärke und dem Eigelb verrühren, in die gekochte Milch geben und alles nochmals aufkochen. Die fertige Vanillecreme abkühlen lassen.

6. Für die Schokoladencreme die Kuvertüre im Wasserbad schmelzen. Sahne, Zucker und Eigelb mischen und bis kurz vor dem Kochen erhitzen. Vorsichtig unter die Kuvertüre rühren und abkühlen lassen.

7. Für die Eierlikörmousse die Blattgelatine in kaltem Wasser einweichen (siehe Glossar). Wenn die Blätter aufgeweicht sind, diese aus dem Wasser nehmen und gut ausdrücken. Anschließend die Gelatine mit dem Eierlikör erwärmen, bis die Gelatine aufgelöst ist. Die Masse unter die fertige Vanillecreme rühren. Die geschlagene Sahne unter die Creme heben.

8. Die Biskuittaschen mit der Schokoladencreme bestreichen. Die Eierlikörmousse in den Spritzbeutel füllen und schneckenförmig auf eine Hälfte der Taschen spritzen, die andere Hälfte wie bei einem Omelette vorsichtig darüber legen.

Heinemann-Tipp

Bei diesem Rezept haben Sie am Schluss jede Menge köstlicher Vanillecreme übrig. Diese lässt sich problemlos einfrieren … zumindest, wenn sie nicht vorher von den Kindern aufgegessen wird!

KÜRBISTORTE MIT MOUSSE AU CHOCOLAT

FÜR DREI TORTEN MIT 22 CM Ø (LÄSST SICH SEHR GUT EINFRIEREN)

Für den Kürbis-Biskuit:

200 g gemahlene Haselnüsse

40 g gemahlene Kürbiskerne

6 Eier

280 g Kürbisfleisch (siehe Tipp), roh püriert

280 g Zucker

25 ml Rum

1 Prise Salz

abgeriebene Schale von 1 unbehandelten Zitrone

1 Prise gemahlener Zimt

1 Msp. gemahlene Nelken

70 g fein gesiebtes Paniermehl

70 g Speisestärke

Für die Mousse au Chocolat:

180 g dunkle Kuvertüre

180 g helle Kuvertüre

590 g Sahne

90 ml Amaretto

70 g Butter

2 Eigelb

Für die Tränke:

90 ml Amaretto

90 ml Läuterzucker (siehe Glossar)

Für die Glasur:

1 kg Fondant (vom Konditor)

125 ml Wasser

600 g dunkle Kuvertüre

Außerdem:

3 Tortenringe

Speisenthermometer

Zubereitungszeit:
ca. 80 Minuten

Backzeit:
ca. 20 Minuten je Boden

Gefrierzeit:
über Nacht

1. Für den Biskuit die gemahlenen Haselnüsse und Kürbiskerne mischen. Backofen auf 180 °C vorheizen.

2. Die Eier trennen. Das Kürbispüree und das Eigelb mischen. Mit 120 Gramm Zucker schaumig schlagen. Rum, Gewürze, die Haselnuss-Kürbiskern-Mischung und das Paniermehl unterrühren.

3. Eiweiß und 160 Gramm Zucker zu festem Schnee schlagen und die Speisestärke kurz unterrühren. Unter die Ei-Kürbis-Masse heben.

4. 2 bis 3 Backbleche (je nach Größe der Bleche) mit Backpapier belegen. Die fertige Masse gleichmäßig in drei Tortenringe (22 Zentimeter Durchmesser) füllen und im Ofen (mittlere Schiene) etwa 20 Minuten backen.

5. Für die Mousse die helle und die dunkle Kuvertüre fein hacken. 90 Gramm Sahne aufkochen. Mit heller und dunkler Kuvertüre und Amaretto mischen, dann nach und nach die Butter dazugeben. Mixen und auf 35 °C erwärmen.

6. Die übrige Sahne steif schlagen. Eigelb schaumig rühren, in die Kuvertüre-

Masse geben, kurz mischen und dann unter die geschlagene Sahne heben.

7. Für die Tränke den Amaretto mit dem Läuterzucker mischen. Die Kürbis-Biskuitböden jeweils mit 60 Milliliter Tränke befeuchten. Dann die Mousse au Chocolat auf die Kürbis-Biskuitböden jeweils randvoll einfüllen und die Torten über Nacht einfrieren.

8. Für die Glasur den Fondant, das Wasser und die Kuvertüre zusammen aufkochen. Etwas abkühlen lassen. Die gefrorenen Torten auf ein Gitter setzen und mit der Glasur überziehen.

Heinemann-Tipp

Am besten verwenden Sie für diese Torte den feinen aromatischen Moschuskürbis. Bei der für dieses Rezept nötigen Menge ist es außerdem sinnvoll, nur ein Stück/eine Spalte von einem ganzen Kürbis zu kaufen. So können Sie am Aussehen des Fruchtfleisches auch gut prüfen, ob der Kürbis frisch ist. Denn das ist für dieses Rezept besonders wichtig!

BAISER-TRÜFFEL-TORTE

(MERINGENTORTE)

FÜR EINE TORTE VON 22 CM Ø

Für die Baisers:

4 Eiweiß

125 g Zucker

125 g Puderzucker

35 g dunkles Kakaopulver

Für die Mousse:

225 g dunkle Kuvertüre

4 Eiweiß

50 g Zucker

110 g Butter

3 Eigelb

Für die Fertigstellung:

etwas dunkles Kakaopulver

Außerdem:

Spritzbeutel mit weiter Lochtülle

Speisenthermometer

Tortenring

Zubereitungszeit:
ca. 60 Minuten

Backzeit:
ca. 1 Stunde

Kühlzeit:
2 Stunden

1. Für die Baisers den Backofen auf 80 °C vorheizen. Eiweiß und Zucker zu festem Schnee aufschlagen. Puderzucker und Kakaopulver mischen, darüber sieben und zügig unterarbeiten.

2. Die Masse in den Spritzbeutel füllen und spiralförmig zwei Böden mit einem Durchmesser von 22 Zentimeter auf mit Backpapier ausgelegte Bleche spritzen. 20 Baiserstangen in Form von Löffelbiskuit (etwa 5 Zentimeter Länge) aufspritzen.

3. Die übrige Masse für die Garnitur in dünnen Strängen mit 5 Millimeter Durchmesser aufspritzen. Im vorgeheizten Ofen (mittlere Schiene) bei ganz leicht geöffneter Ofentür etwa 60 Minuten oder länger backen, bis der Baiser ganz trocken ist.

4. Für die Mousse die Kuvertüre im Wasserbad schmelzen (auf etwa 45 °C erhitzen). Eiweiß und Zucker cremig aufschlagen. Die Butter weich rühren und unter die warme Kuvertüre mischen. Eigelb ebenfalls unterrühren. Danach das aufgeschlagene Eiweiß zugeben.

5. Einen Tortenring am Rand mit den hochkant gestellten 20 Baiserstücken in Löffelbiskuitform auslegen. Einen Baiserboden einlegen und die Hälfte der Mousse einfüllen. Den zweiten Boden darauflegen und die restliche Mousse darauf verteilen.

6. Die Baiserstangen in kurze Stücke schneiden und die Torte damit dekorieren. Die Torte für mindestens 2 Stunden kühl stellen, 30 Minuten vor dem Servieren zimmerwarm stellen und unmittelbar vor dem Anschneiden mit Kakaopulver bestäuben.

Heinemann-Tipp

Wem die Zubereitung von Baisers zu aufwendig ist, der kann stattdessen auch Löffelbiskuits verwenden (siehe Bild).

TRÜFFEL-CREMETORTE

FÜR EINE SPRINGFORM VON 26 CM Ø

**Für die Trüffelmasse
(am Vortag zubereiten):**

300 g Sahne

100 g Zucker

150 g Butter

100 g helle Kuvertüre

100 g dunkle Kuvertüre

50 ml Weinbrand

Für den Sacherboden:

80 g Butter

5 Eier

40 g Marzipanrohmasse

100 g Zucker

1 Prise Salz

10 g Speisestärke

50 g Mehl

40 g Kakaopulver

40 g gemahlener Krokant

40 g Kuchenbrösel

Für die Buttercreme:

2 Eier

100 g Zucker

1 Prise Salz

250 g Süßrahmbutter

Für die Fertigstellung:

50 g helle Kuvertüre

1 TL dünnflüssiger Honig (6 g)

ca. 1 EL Kondensmilch (18 ml)

nach Belieben gehobelte Mandeln

Außerdem:

Speisenthermometer

Tortenring

Spritzbeutel mit weiter Lochtülle

Vorbereitungszeit (am Vortag):
ca. 30 Minuten

Zubereitungszeit:
ca. 60 Minuten

Backzeit:
ca. 30 Minuten

Kühlzeit:
ca. 4 Stunden

1. Für die Trüffelmasse die Sahne mit dem Zucker aufkochen; die Butter darin schmelzen und die Mischung auf etwa 60 °C erkalten lassen. Die Kuvertüre grob hacken, in die Sahne geben und rühren, bis sie völlig geschmolzen ist. Den Weinbrand untermengen und die Trüffelmasse über Nacht kalt stellen.

2. Für den Sacherboden die Butter schmelzen und abkühlen lassen. Die Eier trennen. Eigelb, Marzipanrohmasse, 30 Gramm Zucker und Salz schaumig rühren. Backofen auf 170 °C vorheizen.

3. Eiweiß und 70 Gramm Zucker kurz verrühren, Speisestärke zugeben und das Ganze zu einem festen Schnee schlagen. Ein Drittel davon zu der Eigelbmasse geben und angleichen (siehe Glossar).

4. Das Mehl sieben, mit Kakao, gemahlenem Krokant und den Kuchenbröseln mischen, dann mit dem übrigen Eischnee unter die Eigelbmasse heben. Die flüssige Butter unterheben. Die Masse in einer gefetteten Springform im vorgeheizten Backofen (mittlere Schiene) 25 bis 30 Minuten backen.

5. Für die Buttercreme Eier, Zucker und Salz in einer Metallschüssel im Wasserbad leicht erwärmen und aufschlagen. Wenn die Masse etwa Körpertemperatur hat, sie aus dem Wasserbad nehmen und weiter kalt schlagen. Die zimmerwarme Butter so lange schlagen, bis sie weiß, luftig und sahnig ist (etwa 15 Minuten). Die Butter mit der Eimasse mischen.

6. Den Sacherboden in der Mitte quer durchschneiden und eine Hälfte in den Tortenring einpassen (die zweite Hälfte wird für diese Torte nicht benötigt). Die Buttercreme in einen Spritzbeutel füllen und drei Kreise um den Mittelpunkt des Bodens dressieren. Die Torte für etwa 30 Minuten kalt stellen.

7. Die Trüffelmasse vorsichtig aufschlagen, bis zum Rand in den Tortenring füllen und mit einer Palette glatt streichen. Um der Trüffelmasse Stand zu geben, muss die Torte 3 bis 4 Stunden durchkühlen.

8. Danach den Tortenring mit einem erhitzten geraden Messer lösen und abheben. Eventuell den Tortenrand mit einer erwärmten Palette glätten.

9. Die Kuvertüre im Wasserbad schmelzen. Den leicht erwärmten Honig und die Kondensmilch (Zimmertemperatur) zugeben und alles zu einer glatten Masse verrühren. Die Menge der Kondensmilch ist variabel. Wichtig ist, dass die Masse nicht zu flüssig wird.

10. Die Masse in eine Pergamentspritztüte füllen, eine winzig Spitze abschneiden und als Garnitur ein feinmaschiges Gitter auf die Torte dressieren. Nach Belieben die gehobelten Mandeln in einer Pfanne trocken rösten, abkühlen lassen und mit einem kleinen Messer an den oberen Rand der Torte anlegen.

Heinemann-Tipp

Die zweite Hälfte des Sacherbodens kann man einfrieren und für eine andere Gelegenheit aufbewahren. Er kann aber auch gut zu Kuchenbröseln verarbeitet werden, die für viele Rezepte benötigt werden. Oder es wird der Boden einer Torte nach eigener Kreation.

ORANGEN-TRÜFFEL-TORTE

FÜR EINE SPRINGFORM VON 26 CM Ø

Für den Schokoladenbiskuit-Tortenboden:

40 g Mehl

30 g Kakaopulver

7 Eigelb

130 g Zucker

3 EL Wasser (45 ml)

3 Eiweiß

Für die Tortendecke (Wiener Boden):

50 g Butter

100 g Mehl Type 550

110 g Speisestärke

4 Eier

180 g Zucker

1 Prise Salz

Für die Schokoladensahne:

100 g helle Kuvertüre

100 g dunkle Kuvertüre

150 ml Läuterzucker (siehe Glossar)

200 g Sahne

Für die Orangenlikör-Sahne:

3 Blatt Gelatine

2 Eigelb

2 EL Läuterzucker (30 ml)

300 g Sahne

70 ml Orangenlikör

Zum Fertigstellen:

etwas Kakaopulver

Außerdem:

Tortenring

Zubereitungszeit:

ca. 75 Minuten

Backzeit:

ca. 75 Minuten (Backzeit auch für die nicht benötigten Biskuitböden eingerechnet)

1. Für den Schokoladenbiskuit den Backofen auf 160 °C vorheizen. Die Springform mit Backpapier auslegen. Mehl und Kakaopulver mischen und sieben. Eigelb, 30 Gramm (2 Esslöffel) Zucker und Wasser schaumig rühren.

2. Eiweiß und den restlichen Zucker zu cremigem Schnee aufschlagen. Ein Drittel davon zu der Eigelbmasse geben. Den Rest zusammen mit der Mehl-Kakao-Mischung unterheben.

3. Den Teig in die Springform füllen und im vorgeheizten Ofen (mittlere Schiene) 20 bis 25 Minuten backen. Den Boden abkühlen lassen und aus der Form nehmen.

4. Für den Wiener Boden den Backofen auf 180 °C vorheizen. Die Butter zerlassen. Das Mehl und die Speisestärke mischen und sieben.

5. Eier, Zucker und Salz unter Rühren in einer Metallschüssel im Wasserbad auf Körpertemperatur bringen, herausnehmen und weiter schaumig schlagen. Die Mehl-Stärke-Mischung vorsichtig unter die Ei-Masse mengen. Zum Schluss die abgekühlte Butter unterziehen.

6. Ein Sechstel der Biskuitmasse in einem Tortenring (26 Zentimeter Durchmesser) auf ein mit Backpapier ausgelegtes

Backblech zu einem dünnen Boden ausstreichen. Den Ring abnehmen und den Teig im vorgeheizten Ofen (mittlere Schiene) 10 Minuten backen. Für die Torte wird nur ein Biskuitboden benötigt. Auf die gleiche Weise fünf weitere Böden aufstreichen.

7. Für die Schokoladensahne die Kuvertüre im Wasserbad schmelzen. Den annähernd gleich warmen – eher etwas kälteren – Läuterzucker in drei Portionen zugeben und jeweils mit den Schneebesen eines elektrischen Handrührgeräts unterrühren. Die Sahne steif schlagen. Ein Viertel der geschlagenen Sahne zugeben. Den Rest vorsichtig, aber zügig, unterziehen.

8. Für die Orangenlikör-Sahne die Gelatine in kaltem Wasser einweichen (siehe Glossar). Inzwischen das Eigelb mit dem Läuterzucker schaumig rühren. Die Sahne steifschlagen. Ein Drittel davon unter die Eigelb-Mischung heben. Den Orangenlikör und die im Wasserbad aufgelöste Gelatine zugeben. Die restliche Sahne unterziehen.

9. Den Schokoladen-Biskuit-Boden in den Tortenring einpassen. Die Schokoladensahne glatt auf den Tortenboden streichen. Den Tortenring mit Küchenpapier säubern.

10. Die Orangenlikör-Sahne in den Tortenring füllen und mit einer Palette glatt streichen. Den Wiener Boden auflegen und andrücken. Die Torte bis zum Servieren kalt stellen. Sie schmeckt am besten, wenn sie eiskalt, jedoch nicht gefroren ist. Die Torte kurz vor dem Servieren in Stücke schneiden und erst dann mit etwas Kakaopulver bestäuben.

~~Heinemann~~-Tipp

Die ürigen Biskuit-Tortenböden kann man einfrieren und für eine andere Gelegenheit aufbewahren. Sie können sie aber auch zu Kuchenbröseln verarbeiten, die für viele Rezepte benötigt werden. Oder Sie verwenden die Böden für geschichtete Torten nach eigener Kreation.

VARIANTE

Cointreau-Torte Sie wird nach demselben Rezept wie die Orangen-Trüffel-Torte zubereitet, statt der Orangen-Likör-Sahne wird jedoch Cointreau-Sahne verwendet:
Dafür 3 Blatt Gelatine in kaltem Wasser einweichen (siehe Glossar). 2 Eigelb und 2 Esslöffel (30 Milliliter) Läuterzucker schaumig rühren. 300 Gramm Sahne steif schlagen. Ein Drittel davon unterheben. 70 Milliliter Cointreau und die im Wasserbad aufgelöste Gelatine zugeben. Die restliche geschlagene Sahne unterziehen.

HERRENTORTE

FÜR EINE TORTE VON 26 CM Ø

**Für die Wiener Böden
(6 dünne Böden):**

50 g Butter

100 g Mehl Type 550

110 g Speisestärke

4 Eier

180 g Zucker

1 Prise Salz

Für die Mandelweincreme:

250 g Marzipan (60 % Mandeln,
40 % Zucker)

ca. 50 ml Weißwein (bevorzugt
kräftiger Riesling)

Für den Überzug:

250 g Fondant (vom Konditor)

35 ml Wasser

150 g dunkle Kuvertüre

Außerdem:

Tortenring

Zubereitungszeit:
ca. 25 Minuten

Backzeit:
ca. 60 Minuten

Kühlzeit:
1 Tag

Fertigstellung:
ca. 20 Minuten

1. Den Backofen auf 180 °C vorheizen. Die Butter für die Wiener Böden zerlassen. Mehl mit der Speisestärke mischen und sieben.

2. Eier, Zucker und Salz unter Rühren im Wasserbad auf Körpertemperatur bringen, herausnehmen und schaumig schlagen. Die Mehl-Stärke-Mischung vorsichtig unter die Ei-Masse mengen. Dann die abgekühlte flüssige Butter unterziehen.

3. Ein Sechstel der Biskuitmasse in einem Tortenring (26 Zentimeter Durchmesser) auf einem mit Backpapier ausgelegten Blech dünn aufstreichen. Den Ring abnehmen und auf die gleiche Weise fünf weitere Böden aufstreichen. Im Ofen (mittlere Schiene) 10 Minuten backen.

4. Für die Mandelweincreme das Marzipan mit Weißwein zu einer glatten Creme verarbeiten. Im Tortenring abwechselnd einen Wiener Boden und eine dünne Lage Mandelcreme fest übereinander schichten. 1 Tag zugedeckt im Ring kühl stellen.

5. Die Torte vorsichtig aus dem Ring nehmen und auf einem Gitter platzieren. Für den Überzug den Fondant, das Wasser und die dunkle Kuvertüre zusammen aufkochen. Etwas abkühlen lassen und die Torte auf dem Gitter mit dem Schokoladenfondant überziehen.

-Tipp

Diese Torte schmeckt am besten zimmerwarm. Mit geschlagener Sahne servieren.

INFO

Diese Torte wurde 1932 von Hermann Heinemann, dem Vater von Heinz-Richard Heinemann, erfunden.

SCHOKOLADEN-GEBÄCK

Nirgendwo präsentiert sich Schokolade so international wie beim Gebäck: Das französisch anmutende
Schokoladen-Eclair trifft auf amerikanische Brownies
und Chocolate-Cookies. Dazwischen liegen Luxem-
burger Schokomakronen. Und in Deutschland kann
sich keiner mehr ein Weihnachtsfest ohne Zimtsterne
vorstellen, während die Schweizer auf ihre Brunsli
schwören. Lassen Sie sich verführen von herrlichen
Schokobrezeln und saftigen Baumkuchenecken!

VON KLASSISCH BIS KREATIV

Nirgendwo präsentiert sich Schokolade in so vielen verschiedenen Formen und so vielseitig wie beim Gebäck. Mal ist sie farbgebender Bestandteil des Teiges, mal dient sie als Cremefüllung, wieder andere Rezepte verwenden Schokolade als Überzug ... aber immer ist das »braune Gold« eine Bereicherung! Lassen Sie sich von Gebäck verführen, zu dem oft auch eine kleine Geschichte erzählt werden kann.

Beispiel gefällig? Zu Beginn seiner Karriere machte Heinz-Richard Heinemann Erfahrungen in der Schweiz. Als Geselle verbrachte er sieben lange Jahre bei Sprüngli, der berühmten Confiserie am Paradeplatz in Zürich, die noch heute die international bekannten und weltweit beliebten Luxemburgerli herstellt. Dieses leichte Makronengebäck mit cremiger Füllung gibt es in den verschiedensten Farben und Geschmacksrichtungen, sie zergehen auf der Zunge wie Sahne und bleiben jedem unvergessen, der das Glück hatte, eine Schachtel dieser Köstlichkeiten verspeisen zu dürfen.

SCHOKOGEBÄCK-KLASSIKER ...

An die Zeit bei Sprüngli erinnert Heinz-Richard Heinemann, indem er für dieses Buch ein Luxemburger-Schokomakronen-Rezept ausgewählt hat. Wer diese Makronen nachbackt und genießt, der erhält eine ziemlich genaue Vorstellung davon, wie lecker die Luxemburgerli sind. Bitte lassen Sie sich aber dadurch nicht davon abhalten, beim nächsten Besuch in

Zürich eine große Schachtel dieser einmaligen Köstlichkeiten einzupacken. Eine weitere Hommage an die Lehr- und Gesellenzeit in der Schweiz sind die hierzulande eher unbekannten Brunsli. Dieses traditionelle Schweizer Weihnachtsgebäck erinnert wohl jeden Schweizer an seine Kindheit. Doch auch auf deutschen Advents- und Weihnachtstellern sollte für das weiche Gebäck aus Mandeln und Schokolade immer ein Plätzchen freigehalten werden.

... UND NEUE KREATIONEN

In der Gegenwart gibt es jedoch ein anderes Rezept, das für den eidgenössisch diplomierten Konditor- und Confiseur-Meister Heinemann von großer Bedeutung ist: die Baumkuchenecken. Dieses vom Prinzip her eher einfache Rezept demonstriert besonders deutlich, worauf es Heinz-Richard Heinemann bei seinem Handwerk am meisten ankommt: edelste, frische Zutaten und viel Liebe bei der Zubereitung. So kann man sich selbst mit einem vermeintlichen Standardrezept einen Namen machen, denn feinster Baumkuchen gehört ohne Frage zu den absoluten Heinemann-Spezialitäten.

Leider wird für die Zubereitung von Baumkuchen gewöhnlich eine spezielle Maschine benötigt, um den charakteristisch geschwungenen »Baumstamm« mit seinen leckeren »Jahresringen« erstellen zu können. Doch Heinemann wäre nicht Heinemann, wenn er für dieses Problem keine Lösung wüsste: In diesem Buch finden Sie ein Rezept, bei dem der Baumkuchen in einer Springform zubereitet werden kann. So können auch Sie sich diese einmalige Köstlichkeit im eigenen Ofen zubereiten.

Jetzt möchte ich Sie aber nicht länger aufhalten: Lassen Sie sich verführen von Heinz-Richard Heinemanns bevorzugtem Schokogebäck für den Kaffeetisch – und natürlich auch für zwischendurch.

Luftiges Baisergebäck und eine cremige zartschmelzende Schokoladenfüllung – die perfekte süße Verführung!

SCHOKO-ORANGEN-PLÄTZCHEN

FÜR ETWA 50 STÜCK

Für den Mürbeteig:

100 g gemahlene Haselnüsse

60 g dunkle Kuvertüre

250 g Mehl

150 g Butter

3 Eigelb

200 g Puderzucker

1 Prise Salz

abgeriebene Schale von
1 unbehandelten Orange

Für die Fertigstellung:

200 g englische Orangenmarmelade

300 g helle Kuvertüre

100 g Orangeat oder Schokostreusel

Außerdem:

kleiner runder Ausstecher

kleiner Spritzbeutel mit Lochtülle

Zubereitungszeit: ca. 60 Minuten

Ruhezeit: ca. 1 Stunde

Backzeit: ca. 12 Minuten

1. Die Haselnüsse in einer Pfanne trocken rösten, bis sie duften, dann abkühlen lassen. Die dunkle Kuvertüre klein hacken.

2. Haselnüsse und Kuvertüre mit den restlichen Zutaten zu einem Teig verkneten, in Folie einwickeln und etwa 1 Stunde im Kühlschrank ruhen lassen.

3. Den Backofen auf 180 °C vorheizen. Den Teig auf einer bemehlten Arbeitsfläche etwa 3 Millimeter dick ausrollen und runde Plätzchen ausstechen. Auf ein mit Backpapier ausgelegtes Backblech setzen und im vorgeheizten Ofen (mittlere Schiene) 12 Minuten backen. Abkühlen lassen.

4. Die helle Kuvertüre temperieren (siehe Seite 14/15). Die eine Hälfte der Plätzchen mithilfe einer Gabel in die Kuvertüre tauchen. Das Orangeat – falls verwendet – hacken. Die schokoladenüberzogenen Plätzchen damit oder mit Schokostreuseln bestreuen.

5. Auf die andere Hälfte der Plätzchen jeweils auf der flachen Seite mit dem Spritzbeutel etwas englische Orangenmarmelade verteilen.

6. Wenn die Schokolade fest geworden ist, je eine schokoladenüberzogene Plätzchenhälfte auf eine gefüllte setzen.

SCHOKOLADEN-BREZELN

1. Butter, Puder- und Vanillezucker und Salz glatt verrühren. Marzipan mit einigen Tropfen Wasser weich und geschmeidig kneten, dann dazugeben. Erst wenn die Masse ganz geschmeidig ist, auch das Mehl dazugeben. Den Teig 1 bis 2 Stunden in Folie verpackt kalt stellen.

2. Den Backofen auf 170 °C vorheizen. Ein Backblech mit Backpapier auslegen. Kleine Teigstücke zu Strängen rollen und zu kleinen Brezeln formen. Im Ofen (mittlere Schiene) 8 bis 10 Minuten backen.

3. Die Kuvertüre temperieren (siehe Seite 14/15). Die abgekühlten Brezeln einzeln mithilfe einer Gabel kurz eintunken, wieder herausnehmen, kurz abtropfen lassen und zum Festwerden auf ein Gitter setzen.

Heinemann-Tipp

Statt sie in Kuvertüre zu tauchen, können die Brezeln auch mit Zuckerglasur bepinselt werden, solange sie noch heiß sind. Zur Herstellung dieser Glasur mischen Sie einfach 70 Milliliter Zitronensaft mit 160 Gramm Puderzucker.
Besonders schön sehen Schokobrezeln übrigens aus, wenn sie zur Hälfte mit heller und zur anderen Hälfte mit dunkler Kuvertüre überzogen werden.

FÜR 40 BIS 50 STÜCK

360 g Butter

100 g Puderzucker

1/2 T. Vanillezucker

1 Prise Salz

50 g Marzipanrohmasse

450 g Mehl

400 g helle Kuvertüre

Zubereitungszeit:
ca. 30 Minuten
Ruhezeit:
ca. 2 Stunden
Backzeit:
ca. 10 Minuten

SCHOKO-BROWNIES MIT HASELNÜSSEN

FÜR EINE FORM VON 30 X 30 CM

80 g gehackte Haselnüsse

330 g Butter

300 g dunkle Kuvertüre oder Edelbitter-Schokolade (70 %)

250 g Zucker

4 Eier

15 g Vanillezucker

5 g Salz

100 g Mehl

25 g dunkles Kakaopulver

160 g Sahne

Zubereitungszeit:
ca. 45 Minuten

Backzeit:
ca. 30 Minuten

1. Den Backofen auf 175 °C vorheizen. Die Haselnüsse in einer Pfanne trocken rösten, dann abkühlen lassen. Die Butter bei mittlerer Hitze schmelzen.

2. Die Kuvertüre im Wasserbad schmelzen. Die flüssige Butter dazugeben und gut durchrühren.

3. Zucker, Eier, Vanillezucker und Salz mit dem Schneebesen gut durchrühren und ganz leicht aufschlagen. In die Kuvertüre-Buttermischung einarbeiten.

4. Mehl und Kakaopulver mischen und sieben, dann mit der Sahne in den Schokoladenteig mengen. Das Ganze kräftig rühren, bis der Teig gut gemischt ist. Zum Schluss die gerösteten Haselnüsse dazugeben.

5. Eine eckige Form (idealerweise von 30 x 30 Zentimeter) oder eine runde Springform mit Backpapier auslegen. Den Teig etwa 2,5 Zentimeter hoch einfüllen und im Ofen (mittlere Schiene) etwa 30 Minuten backen. Den Kuchen etwas abkühlen lassen und in rechteckige Happen schneiden.

Heinemann-Tipp

Brownies gibt es in vielen Varianten. Zum Beispiel lassen sich die Haselnüsse sehr gut durch geröstete Mandeln ersetzen. Viele Brownie-Freunde schwören allerdings darauf, dass die Original-Brownies mit Pecannüssen statt mit Haselnüssen zubereitet werden – auch einen Versuch wert. Und für Experimentierfreudige: Probieren Sie das Gebäck doch auch einmal mit fein gehacktem Orangeat anstelle der Nüsse.

SCHOKO-MÜRBE-KEKSE

FÜR 30 BIS 40 STÜCK

80 g Puderzucker

30 g dunkles Kakaopulver

150 g Butter

1 TL Vanillezucker

1 Prise Salz

200 g Mehl

Außerdem:

runder Ausstecher

Zubereitungszeit:
ca. 40 Minuten

Ruhezeit:
1 bis 2 Stunden

Backzeit:
ca. 12 Minuten

1. Alle Zutaten, bis auf das Mehl, miteinander mischen. Danach das Mehl hinzufügen und die Masse zu einem festen, glatten Teig kneten (nicht zu lange!). In Folie wickeln und 1 bis 2 Stunden durchkühlen lassen.

2. Den Backofen auf 180 °C vorheizen. Den Teig ausrollen, runde Formen ausstechen und die Teigkreise auf ein mit Backpapier bedecktes Backblech legen. Im vorgeheizten Ofen (mittlere Schiene) 10 bis 12 Minuten backen.

INFO

Ein Foto zu diesem Rezept finden Sie auf Seite 60.

~~Heinemann~~-Tipp

Damit die Schoko-Mürbe-Kekse oder die Marmorkekse aus der nebenstehenden Variante noch schokoladiger schmecken, können Sie sie mit heller oder dunkler Kuvertüre überziehen: Die Kuvertüre temperieren (siehe Seite 14/15) und die Kekse jeweils zur Hälfte eintauchen. Für die feine Kaffeetafel können Sie die Kekse zusätzlich mit jeweils einer halben konfierten Kirsche belegen.

VARIANTEN

Marmorkekse Zweimal den Teig nach dem obenstehenden Rezept für Schoko-Mürbe-Kekse erstellen, jedoch bei einer Teigportion das Kakaopulver weglassen. Nach dem Durchkühlen den hellen und den dunklen Teig kurz miteinander verkneten, ohne dass sich die Massen zu stark mischen. Den Teig zu einer Rolle von 3 Zentimeter Durchmesser formen. In Folie gewickelt nochmals 1 Stunde kühlen. Den Backofen auf 180 °C vorheizen. Die Teigrolle quer in 1 Zentimeter dicke Scheibchen schneiden, diese auf ein mit Backpapier ausgelegtes Blech setzen und im heißen Ofen (mittlere Schiene) 10 bis 12 Minuten backen.

Pfauenaugen Verwenden Sie dazu den dunklen und hellen Teig aus dem Rezept für die Marmorkekse (links). Rollen Sie den dunklen Teig zu einer Stange, und ummanteln Sie ihn anschließend mit dem hellen Teig. Verfahren Sie weiter wie bei den Marmorkeksen. Dadurch erhalten Sie köstliche Schokokekse mit hellem Rand.

CHOCOLATE-COOKIES

1. Die Haselnüsse in einer Pfanne trocken rösten, dann abkühlen lassen. Den braunen Zucker, Butter, Salz, Eier und Eiweiß zusammen schaumig rühren. Den Backofen auf 180 °C vorheizen.

2. Die dunkle Kuvertüre klein hacken. Mit Mehl, Haselnüssen und Backpulver trocken mischen. Dann unter die schaumige Masse rühren.

3. Die Masse in einen Spritzbeutel füllen. In großen Abständen Halbkugeln auf ein mit Backpapier ausgelegtes Backblech spritzen. Im vorgeheizten Ofen (mittlere Schiene) etwa 12 Minuten backen.

VARIANTE

Death by chocolate Wem die Kekse nicht schokoladig genug sein können, der kann dieses Rezept folgendermaßen auf die Spitze treiben: Nach dem Zufügen der klein gehackten dunklen Kuvertüre, dem Mehl, den Haselnüssen und dem Backpulver wird zusätzlich 50 Gramm dunkles Kakaopulver unter die schaumige Masse gemischt. Dadurch bekommt der Teig eine dunkelbraune, schokoladige Farbe. Wenn die Chocolate-Cookies fertig gebacken und auf Zimmertemperatur abgekühlt sind, temperieren Sie 300 Gramm helle Kuvertüre und überziehen damit die Kekse großzügig, am besten mit einem Löffel. Mit einer Gabel können Sie abschließend ein Muster in die halb erstarrte Schokolade ziehen.

FÜR ETWA 40 STÜCK

150 g gemahlene Haselnüsse

300 g brauner Zucker

175 g weiche Butter

1 kräftige Prise Salz

2 Eier

1 Eiweiß

175 g dunkle Kuvertüre

300 g Mehl

1/2 TL Backpulver

Außerdem:

Spritzbeutel mit weiter Lochtülle

Zubereitungszeit:
ca. 30 Minuten

Backzeit:
ca. 12 Minuten

SCHOKOLADEN-ECLAIRS

FÜR ETWA 12 STÜCK

Für die Teigstangen:

125 ml Wasser

125 ml Milch

125 g Butter

5 g Salz

5 g Zucker

150 g Mehl

4 Eier

Für die Schokoladencreme:

75 g dunkle Kuvertüre oder Edelbitter-Schokolade (70 %)

300 ml Milch

65 g Zucker

3 Eigelb

10 g Mehl

5 g Speisestärke

Für die Glasur (nach Wunsch):

250 g Fondant (vom Konditor)

40 ml Wasser

150 g dunkle Kuvertüre

Außerdem:

Spritzbeutel mit weiter Lochtülle

Puderzucker zum Bestäuben (nach
Wunsch)

Zubereitungszeit:
ca. 75 Minuten

Backzeit:
ca. 15 Minuten

1. Den Backofen auf 210 °C vorheizen.
Wasser, Milch, Butter, Salz und Zucker
in einer Kasserolle aufkochen. Das Mehl
zugeben, etwa 1 Minute mit dem Holzlöffel – Topf bleibt auf der Kochstelle –
untermengen und die Kasserolle von der
Kochstelle nehmen.

2. Mit einem Holzlöffel 1 Ei kräftig
unterkneten, bis der Teig glatt ist. Dann
mit den restlichen Eiern genauso verfahren,
bis ein weicher, glatter Teig entstanden ist.
Den Teig in einen Spritzbeutel füllen und
sechs Zentimeter lange Stangen auf ein
Backpapier spritzen. Im vorgeheizten Ofen
(mittlere Schiene) 15 Minuten backen.

3. Für die Schokoladencreme die Kuvertüre fein hacken. Die Milch mit der Hälfte
des Zuckers aufkochen. Restlichen Zucker
und Eigelb mit einem Schneebesen leicht
schaumig rühren, dann Mehl und Speisestärke zugeben. Erst die Hälfte der heißen
Milch einrühren, dann die restliche Milch.
Unter kräftigem Rühren mit dem Schneebesen 2 Minuten kochen.

4. Den Topf von der Kochstelle nehmen
und die Kuvertüre einrühren. In eine
Schüssel schütten, mit einer Folie abdecken
und für 15 bis 30 Minuten kalt stellen; die
Creme soll kühl, aber nicht fest werden.

5. Inzwischen nach Wunsch für die
Glasur den Fondant, das Wasser und die
dunkle Kuvertüre zusammen aufkochen
und die Mischung etwas abkühlen lassen.

6. Jede Teigstange aufschneiden und
Schokoladencreme mithilfe des Spritzbeutels einfüllen. Abschließend die Eclairs
nach Wunsch mit Schokofondant glasieren
oder mit Puderzucker bestäuben.

SCHOKO-MUFFINS

FÜR ETWA 15 MUFFINS

125 g dunkle Kuvertüre oder Edelbitter-Schokolade (70–78 %)

75 g Butter

2 Eier

125 ml Milch

200 g Zucker

220 g Mehl

40 g Speisestärke

20 g Backpulver

abgeriebene Schale 1 unbehandelten Zitrone

40 g gehackte Haselnüsse

Butter und Mehl für das Blech

Außerdem:

Muffinblech

Zubereitungszeit:
ca. 45 Minuten

Kühlzeit:
2 Stunden

Backzeit:
ca. 25 Minuten

1. Die Kuvertüre klein hacken. Die
Butter schmelzen. Die Eier, Milch, Butter
und 180 Gramm des Zuckers mischen.
Mehl, Stärke und Backpulver zusammen
sieben und mit der Zitronenschale
zugeben. Vorsichtig mischen.

2. Dann die Kuvertüre, den restlichen
Zucker (20 Gramm) und die Nüsse hinzugeben und kurz mit dem Holzspatel unterrühren. 2 Stunden kühl stellen.

3. Den Backofen auf 180 °C vorheizen.
Das Muffinblech buttern und mehlen,
die Mulden jeweils zu zwei Drittel mit
der Masse füllen und die Muffins 20 bis
25 Minuten im vorgeheizten Ofen
(mittlere Schiene) backen.

Heinemann-Tipp

Wenn kleine Schokostückchen in den
Muffins erwünscht sind, geben Sie
40 Gramm grob gehackte Schokolade
(70 bis 78 % Kakao) zusammen mit den
Nüssen in den Teig.

FLORENTINER

1. Wasser, Sahne, Puderzucker und Mehl mischen. Mandeln, Orangeat und Zitronat zugeben und mischen, so dass sich ein zähflüssiger Teig ergibt.

2. Den Backofen auf 180 °C vorheizen. Jeweils einen Esslöffel Teig als Häufchen mit großem Abstand zum nächsten auf ein mit Backpapier ausgelegtes Blech setzen. Jedes Häufchen mit einem kleinen Tortenring eingrenzen und im Ofen (mittlere Schiene) 15 bis 20 Minuten backen.

3. Kuvertüre temperieren (siehe Seite 14/15) und die Böden der Florentiner eintauchen. Die Florentiner auf Backpapier setzen und die Kuvertüre trocknen lassen.

Heinemann-Tipp

Lösen Sie die Florentiner aus dem Ring, solange sie noch warm sind, sonst bleiben sie am Metall kleben. Und lagern Sie sie am besten luftdicht in einer verschlossenen Dose, so bleiben sie schön knusprig.

FÜR ETWA 40 STÜCK

60 ml Mineralwasser, 70 g Sahne
360 g Puderzucker, 100 g Mehl
180 g gehackte Mandeln
100 g Orangeat, 100 g Zitronat
350 g Kuvertüre (hell oder dunkel)

Außerdem:
kleine Edelstahlringe (5 cm Ø)

Zubereitungszeit: ca. 45 Minuten
Backzeit: ca. 20 Minuten

ORANGENTALER

1. Eier, Zucker, Salz und Orangenschale mischen und leicht erwärmen. Topf von der Kochstelle nehmen und die Masse mit dem Schneebesen schlagen, bis sie schaumig geworden und wieder abgekühlt ist.

2. Backofen auf 180 °C vorheizen. Die Butter schmelzen, mit dem Mehl unter die Schaummasse mischen. Den Teig in Talerform auf ein mit Backpapier ausgelegtes Blech geben, 15 bis 20 Minuten backen (mittlere Schiene). Abkühlen lassen.

3. Die Kuvertüre temperieren (siehe Seite 14/15) und jeweils die Unterseite der Taler damit bestreichen.

FÜR ETWA 30 STÜCK

3 Eier, 130 g Zucker, 1 Prise Salz
abgeriebene Schale 1 unbehandelten Orange
100 g Butter, 200 g Mehl
200 g dunkle Kuvertüre

Außerdem:
Spachtelmesser oder Backpinsel

Zubereitungszeit: 55 Minuten
Backzeit: 15 bis 20 Minuten

BAUMKUCHENECKEN MIT SCHOKOLADE

FÜR ETWA 40 STÜCK

Für die Baumkuchenmasse:

80 g Mehl Type 550

80 g Speisestärke

9 Eier

Mark von 1 Vanilleschote

abgeriebene Schale von 1 unbehandelten Zitrone

1 kräftige Prise Salz (2 g)

160 g Butter

180 g Zucker

70 g Sahne

5 cl Kirschwasser

Für den Überzug:

ca. 300 g dunkle Kuvertüre

Außerdem:

Springform von 28 cm Ø

Zubereitungszeit:
ca. 60 Minuten

Backzeit:
ca. 90 Minuten

Ruhezeit:
über Nacht

1. Das Mehl und die Speisestärke mischen und sieben. Die Eier trennen. Eigelb, Vanillemark, Zitronenabrieb und Salz schaumig rühren. Die Butter zerlassen, abkühlen lassen. Eiweiß und Zucker zu einem cremigen Eischnee aufschlagen. Die Sahne steif schlagen.

2. Die Eigelbmasse unter den Eischnee mischen, dabei die Mehl-Stärke-Mischung nach und nach zugeben. Die flüssige, abgekühlte Butter unterziehen. Zum Schluss die geschlagene Sahne mit dem Kirschwasser unterheben. Den Backofengrill auf höchster Stufe vorheizen.

3. Den Springformboden mit Backpapier auslegen und den Springformrand schließen. Mit einem Teigschaber eine dünne Teigschicht gleichmäßig auf dem Springformboden auftragen. Die Teigschicht unter dem Ofengrill hellbraun backen. Die zweite Teigschicht auf die gebackene Schicht streichen und die Form wieder in den Ofengrill schieben. Diesen Vorgang Schicht für Schicht so lange wiederholen, bis der ganze Teig verarbeitet ist. Auskühlen lassen.

4. Den fertigen Kuchen mit einem Messer vorsichtig vom Rand lösen, auf ein Kuchengitter stürzen und mit Folie abdecken. Über Nacht ruhen lassen.

5. Am nächsten Tag das Backpapier abziehen, den Baumkuchen in kleine Stücke schneiden und mit temperierter Kuvertüre (siehe Seite 14/15) überziehen.

Heinemann-Tipp

Am besten streichen Sie den Springformrand vor dem Anlegen mit ein wenig Butter aus – so lässt sich der Baumkuchen später besser vom Rand lösen.

SCHOKO-SABLÉ

FÜR ETWA 100 STÜCK

400 g weiche Butter

160 g Puderzucker

1 Eiweiß

30 g Sahne

1 Prise Salz

600 g Mehl

40 g dunkles Kakaopulver

Außerdem:

beliebige Plätzchenausstechformen

Zubereitungszeit: ca. 40 Minuten

Kühlzeit: ca. 2 Stunden

Backzeit: ca. 15 Minuten

1. Butter, Puderzucker, Eiweiß, Sahne und Salz vermischen.

2. Das Mehl und das Kakaopulver mischen, sieben und unter die Buttermasse kneten. Den Teig anschließend 2 Stunden im Kühlschrank ruhen lassen.

3. Den Backofen auf 180 °C vorheizen. Ein Backblech mit Backpapier auslegen. Den Teig etwa 5 Millimeter dick ausrollen, Formen ausstechen und die Plätzchen im heißen Ofen (mittlere Schiene) 10 bis 15 Minuten backen.

Heinemann-Tipp

Beim Backen muss bei diesem Rezept besonders aufgepasst werden: Aufgrund der dunklen Farbe des Teigs sieht man nämlich nicht, ob der Teig schon verbrannt ist! Und das kann sehr schnell geschehen, wie man an der kurzen Backzeit ablesen kann … bemerkbar macht sich der angebrannte Teig dann erst durch den bitteren Geschmack beim Essen.

Am besten nimmt man deshalb schon nach 8 Minuten eine erste Probe aus dem Ofen. Eine andere Möglichkeit besteht darin, dass man alle Schoko-Sablé-Stücke nach 8 bis 10 Minuten aus dem Ofen nimmt und abkühlen lässt. Dann kann man sie in Ruhe probieren und notfalls noch einmal in den Ofen zurückgeben, falls sie noch nicht ganz fertig gebacken sein sollten.

MOKKAMAKRONEN

1. Für die Trüffelcreme die Sahne mit dem Kaffeegranulat erhitzen. Die Kuvertüre fein hacken, zugeben und darin schmelzen. Butter daruntermischen und die Creme abkühlen lassen.

2. Für die Makronen die Mandeln mit Zucker und Eiweiß im Mixer gut mischen. Mit dem Spritzbeutel kleine, flache Plätzchen auf Backpapier spritzen. 24 Stunden antrocknen lassen.

3. Die Plätzchen im sehr heißen Ofen bei 250 °C Oberhitze (vorgeheizt) oder unter dem heißen Backofengrill abflämmen, dann erkalten lassen.

4. Die Mokka-Trüffelcreme auf die Plätzchen spritzen und mit je einer Kaffeebohne garnieren.

FÜR ETWA 30 STÜCK

Für die Mokka-Trüffelcreme:

140 g Sahne

10 g Instant-Kaffeegranulat

120 g helle Kuvertüre

120 g dunkle Kuvertüre

25 g Butter

Für die Makronen:

180 g weiße, fein gemahlene Mandeln

170 g Zucker

2 Eiweiß

Außerdem:

Spritzbeutel mit Lochtülle

30 Kaffeebohnen zum Garnieren

Zubereitungszeit:
ca. 40 Minuten

Trockenzeit:
über Nacht

VARIANTE

Schoko-Mokkamakronen Noch schokoladiger werden die Mokkamakronen, wenn Sie vor dem abschließenden Aufsetzen der Kaffeebohne die gesamte Makrone noch einmal in temperierte helle Kuvertüre (siehe Seite 14/15) eintunken und erst dann mit der Kaffeebohne garnieren. Abschließend können Sie mit flüssiger dunkler Kuvertüre noch ein spiralförmiges Muster aufspritzen.

LUXEMBURGER SCHOKOMAKRONEN

FÜR ETWA 30 STÜCK

Für die Makronen:

200 g Zucker

50 ml Wasser

3 Eiweiß

50 g dunkle Kuvertüre oder Criollo-Schokolade (85 %)

125 g geschälte Mandeln, staubfein gemahlen

50 g Puderzucker

Für die Trüffelcreme:

100 g Sahne

200 g dunkle Kuvertüre

Außerdem:

Zuckerthermometer

Spritzbeutel mit Lochtülle

Zubereitungszeit:
ca. 60 Minuten

Trockenzeit:
2 bis 4 Stunden

Backzeit:
ca. 10 Minuten

1. 150 Gramm Zucker und 50 Milliliter Wasser in einem Topf zum Kochen bringen und kochen, bis die Mischung 121 °C erreicht hat (Zuckerthermometer verwenden).

2. Das Eiweiß und den restlichen Zucker in der Küchenmaschine zu festem Schnee schlagen. Den heißen Zuckersirup langsam unter den Schnee schlagen. Mandeln und Puderzucker zusammen sieben (grobes Sieb). Das aufgeschlagene Eiweiß und die temperierte Kuvertüre (siehe Seite 14/15) mit einem Holzspatel vorsichtig untermischen.

3. Die Masse in den Spritzbeutel füllen und Tupfen auf ein mit Backpapier ausgelegtes Backblech spritzen (Größe: wie eine Ein-Euro-Münze). 2 bis 4 Stunden antrocknen lassen.

4. Für die Trüffelcreme die Sahne aufkochen. Die Kuvertüre klein hacken, zugeben und glatt rühren. Auf Zimmertemperatur abkühlen lassen.

5. Den Backofen auf 175 °C vorheizen. Die Schokomakronen im Ofen (mittlere Schiene) etwa 10 Minuten backen, dann abkühlen lassen.

6. Die Hälfte der Makronen mit der Unterseite nach oben legen und mit Trüffelcreme bespritzen. Mit den restlichen Makronenhälften die Füllung abdecken.

Heinemann-Tipp

Die Makronen vor dem Verzehr in einer Gebäckdose im Kühlschrank 1 bis 2 Tage durchziehen lassen.

ZIMTSTERNE MIT SCHOKOLADE

FÜR ETWA 40 STÜCK

80 g dunkle Kuvertüre

100 g Honig

15 g Kakaopulver

4 g gemahlener Zimt

120 g geriebene Mandeln

120 g geriebene Haselnüsse

120 g Marzipanrohmasse

2 Eiweiß

ca. 150 g Puderzucker

Außerdem:

Sternausstecher von etwa 5 bis 6 cm Größe

Zubereitungszeit:
ca. 60 Minuten

Backzeit:
ca. 10 Minuten

1. Die Kuvertüre im Wasserbad schmelzen, dann mit Honig, Kakaopulver, Zimt, Mandeln, Haselnüssen und Marzipan mischen. Kurz abkühlen lassen. Den Backofen auf 170 °C vorheizen.

2. Den Teig auf Backpapier gleichmäßig knapp 1 Zentimeter dick ausrollen. Das Eiweiß mit soviel Puderzucker mischen, bis eine dickflüssige Glasur entsteht. Den ausgerollten Teig damit bestreichen, dann Sterne ausstechen. Den Sternausstecher dabei immer wieder in heißes Wasser tauchen, damit die Sterne nicht festkleben.

3. Die Sterne auf ein mit Backpapier ausgelegtes Blech legen und im vorgeheizten Ofen (mittlere Schiene) etwa 10 Minuten backen.

Heinemann-Tipp

Wenn Sie das Kakaopulver weglassen, erhalten Sie die klassischen hellen Zimtsterne. Auf dem Weihnachtsplätzchenteller macht es sich besonders gut, wenn Sie klassische Zimtsterne und Schokoladenzimtsterne mischen. Für eine besonders feine Variante der Zimtsterne können Sie vor dem Backen abgeriebene Orangenschalen in den Teig mischen. Zum abschließenden Dekorieren können Sie auf jede Sternspitze jeweils eine kleine Silberperle setzen oder mit temperierter Kuvertüre feine sternförmige Linien aufspritzen.

BRUNSLI

1. Das Marzipan mit etwas Eiweiß zusammenrühren, bis eine geschmeidige Masse entsteht.

2. Mandeln, Zucker, Puderzucker und das restliche Eiweiß zugeben und zusammenkneten.

3. Die Kuvertüre temperieren (siehe Seite 14/15), hinzugeben und alles erneut zusammenkneten. Den fertigen Teig etwa 2 Stunden im Kühlschrank lagern.

4. Den Backofen auf 210 °C vorheizen. Ein Blech mit Backpapier auslegen. Währenddessen den Teig etwa 1 Zentimeter dick ausrollen, dünn mit Zucker bestreuen und Formen ausstechen.

5. Die Brunsli im vorgeheizten Ofen (mittlere Schiene) 5 bis 6 Minuten backen.

INFO

Diese Plätzchen sind ein traditionelles Schweizer Weihnachtsgebäck. Sie werden nur kurz heiß angebacken, denn innen sollen sie schön saftig und weich bleiben. Und auch bei der Lagerung muss man vorsichtig sein, denn innerhalb von einem Tag sind sie ausgetrocknet. Deshalb sollten die Brunsli immer fest verschlossen in einer luftdichten Box aufbewahrt werden. Übrigens passen frische Orangen besonders gut zu Brunsli.

FÜR ETWA 40 STÜCK

50 g Marzipanrohmasse
3 Eiweiß
250 g fein gemahlene Mandeln
150 g Zucker
40 g Puderzucker
170 g dunkle Kuvertüre
etwas Zucker zum Bestreuen

Außerdem:

beliebige Ausstechformen

Zubereitungszeit:
ca. 30 Minuten

Kühlzeit:
ca. 2 Stunden

Backzeit:
ca. 6 Minuten

GOLDENE WEIHNACHTSMAKRONEN

FÜR ETWA 40 STÜCK

Für die Makronen:

230 g Marzipanrohmasse

200 g Zucker

40 g gemahlene, geschälte Mandeln

2–3 Eiweiß

30 g dunkle Kuvertüre

abgeriebene Schale von 1/2 unbehandelten Zitrone

Für die Canache:

80 g Sahne

125 g dunkle Kuvertüre

250 g Butter

2 cl brauner Rum

Für den Überzug:

150 g dunkle Kuvertüre

essbares Blattgold (22 Karat)

Außerdem:

Spritzbeutel mit Lochtülle

Zubereitungszeit: ca. 60 Minuten

Trockenzeit: ca. 5 Stunden

Backzeit: ca. 15 Minuten

1. Für die Makronen Marzipan, Zucker und Mandeln mischen. Eiweiß nach und nach zugeben. Die Kuvertüre fein reiben und mit dem Zitronenabrieb hinzufügen.

2. Die Masse mit einem Spritzbeutel auf ein mit Backpapier ausgelegtes Backblech spritzen, etwa in der Größe von Zwei-Euro-Münzen. 4 bis 5 Stunden antrocknen lassen.

3. Den Backofen auf 160 °C vorheizen. Die Makronen 12 bis 15 Minuten im heißen Ofen (mittlere Schiene) backen, dabei die Ofentür ganz leicht geöffnet lassen. Innen sollten die Halbkugeln noch weich sein.

4. Für die Canache die Sahne aufkochen. Die Kuvertüre fein hacken und zugeben. Butter und Rum zugeben und gut untermischen. Erkalten lassen.

5. Für den Überzug die Kuvertüre temperieren (siehe Seite 14/15). Mit einem kleinen Messer die glatt gerührte, aber noch nicht ganz fest gewordene Canache jeweils zu kleinen Kegeln auf die Makronen aufstreichen oder mit dem Spritzbeutel zu einer Spitze aufspritzen. Den Kegel in die Kuvertüre tunken, mit dem Blattgold belegen (wie bei einer schneebedeckten Bergspitze) und trocknen lassen.

Heinemann-Tipp

Blattgold erhalten Sie in Bastelgeschäften oder in Shops für Konditorei-, Konfiserie- oder Kochbedarf (auch im Internet). Es handelt sich bei Blattgold um echtes, hauchdünn ausgewalztes Gold, das zwischen Papier liegt. Heben Sie jeweils ein wenig davon vorsichtig mit einem Messerchen oder einem kleinen Pinsel ab, und legen Sie es auf die Schokolade auf. Das braucht ein wenig Übung – also nicht gleich verzagen, wenn es beim ersten Mal nicht so recht klappt.

SCHOKOLADEN-
PRALINEN

Zart zergehen sie auf der Zunge und überraschen mit
immer neuen Geschmacksnuancen: Bei Pralinen und
Trüffeln wird aus Schokolade ein kulinarisches Gedicht!
Bei der Mozartkugel treffen Mandelmarzipan- und
Pistaziengeschmack aufeinander, Honig-Rum-Trüffeln
wärmen an kalten Winterabenden mit dem Geschmack
von Sommer und der Karibik, und mit Heinemanns
Champagne-Trüffel-Rezept erleben Sie prickelnden
Stil und süße Eleganz von Weltklasse auf Ihrer Zunge!

INBEGRIFF SÜSSER VERFÜHRUNG

Gerade bei Pralinen und Trüffeln lohnt sich der Weg zur Konditorei oder die eigene Herstellung. Denn in Supermärkten und Kaufhäusern finden sich oft nur Pralinen, die vor allem eine Qualität aufweisen müssen: Haltbarkeit. Ein richtiger Hochgenuss sind Pralinen aber erst dann, wenn sie mit frischen Zutaten zubereitet und innerhalb weniger Tage verspeist werden. Zumindest Letzteres erfordert normalerweise keine große Anstrengung.

Wer an Heinz-Richard Heinemann und seine Verbindung mit Pralinen und Trüffeln denkt, dem fällt fast sofort ein Schlagwort ein: »Weltbeste Champagne-Trüffeln«. Tatsächlich hatte sich ein hochkarätiges Gremium von Experten gleich mehrere Jahre Zeit gelassen und unglaubliche Mengen exzellenter Champagne-Trüffeln verspeisen müssen, bis Heinz-Richard Heinemann zum Sieger gekrönt werden konnte. Selbstverständlich finden Sie in diesem Kapitel daher auch ein Champagne-Trüffel-Rezept – eines für den Hausgebrauch.

Aber ebenso selbstverständlich gibt es noch zahlreiche andere Pralinen und Trüffeln bei Heinemann zu entdecken, die auf jeden Fall eine kleine Kaloriensünde wert sind. Denn bei allem Respekt vor Auszeichnungen: Am Ende zählt vor allem Ihr ganz persönlicher Geschmack. Probieren Sie also verschiedene Rezepte aus diesem Kapitel aus, vergleichen Sie diese mit den Pralinen aus der Konditorei Ihres Vertrauens …, und entdecken Sie auf diese Weise Ihr ganz persönliches bestes Konfekt aller Zeiten!

SCHOKOLADEN-NASCHWERK IN ZWEI KLASSISCHEN FORMEN

Viele der folgenden Rezepte bestehen jeweils aus einer vielversprechend glänzenden äußeren Schokoladenschicht und einer köstlichen Füllung, die Zunge und Gaumen mit ausgefallenen Geschmacksabenteuern verführt.

Bei der großen Vielfalt an Pralinenformen treten zwei Standardformen immer wieder auf, die für den Hausgebrauch am interessantesten sind: zum einen die kugelförmige **Trüffel**, zum anderen die töpfchenförmige **Praline**.

Während die für die Pralinen nötigen Pralinenkapseln mithilfe von bunten Aluminiumförmchen (umgangssprachlich auch Stanniolförmchen genannt) selbst hergestellt werden können, müssen für die Trüffelform meist Schokoladen-Hohlkugeln gekauft werden. Diese sind im Handel und selbst bei Konditoreien leider selten erhältlich. Einige Internetadressen, bei denen Sie Schokoladen-Hohlkugeln bestellen können, sind im Glossar auf

Seite 137 unter dem Stichwort »Schoko-
laden-Hohlkugeln« aufgelistet.
Für das Anfertigen der dünnen Kuvertüre-
Haut in den Pralinenkapseln, die für die
Herstellung von Pralinen nötig ist, gibt
es mehrere Verfahren. Heinz-Richard
Heinemann empfiehlt das im Folgenden
beschriebene Vorgehen:

GRUNDREZEPT FÜR PRALINENKAPSELN

Zunächst benötigt man dem Pralinenrezept entsprechend eine bestimmte
Anzahl bunter Aluminiumförmchen, auch
Pralinenkapseln (kurz: Kapseln) genannt.
Außerdem wird je nach Rezept weiße, helle
oder dunkle Kuvertüre benötigt, und zwar
folgende Mengen:

▸ für 30 Kapseln 150 Gramm + ggf. etwa
  75 Gramm zum Verschließen der Pralinen
▸ für 50 Kapseln 250 Gramm + ggf. etwa
  100 Gramm zum Verschließen der
  Pralinen.

Für die Vorbereitung der Pralinenkapseln
geht man wie folgt vor:

1. Die Kuvertüre temperieren (siehe Seite
14/15) und die Förmchen damit füllen.
2. Nach etwa 1 Minute die Förmchen auf
ein Überzieh- oder Kuchengitter stürzen
(die auslaufende Kuvertüre auffangen). Die
Förmchen 2 bis 3 Minuten später wieder
zurückdrehen. Die Kuvertüre, die in dieser
Zeit erstarrt ist, bleibt am Kapselrand
haftet und bildet eine dünne
Schokoladenschicht.

Hinweis: Sie können jedes Pralinenrezept
auf Wunsch ebenso gut mit Schokoladen-
Hohlkugeln herstellen. Diese werden nach
dem Einfüllen der Füllung zunächst mit
Kuvertüre verschlossen, dann komplett mit
Kuvertüre überzogen und anschließend
nach Wunsch auf einem Überziehgitter
hin- und hergerollt. Umgekehrt lassen sich
selbstverständlich auch die Trüffel-Rezepte
stattdessen mit Pralinenkapseln zubereiten.

*Schokladen-Hohlkugeln lassen sich sauber
und effizient mithilfe einer Dosierflasche
füllen.*

CANACHE

Die einfachste Grundcreme in der Pralinenherstellung, aber auch die mit den größten Variationsmöglichkeiten: Canache-Creme ist im deutschen Sprachraum auch als Pariser Creme bekannt und wird gelegentlich auch mit »G« geschrieben (Ganache), vor allem im Einflussbereich der französischen Sprache.

Für diese einfache, aber geniale Creme werden nur zwei Zutaten benötigt: Sahne und Kuvertüre, und zwar normalerweise im Verhältnis von jeweils einem Teil Sahne zu zwei Teilen Kuvertüre. Mit diesen Anteilen lässt sich eine Creme von mittelfester Konsistenz herstellen, die sich für Pralinen besonders gut eignet, da sie sich leicht verarbeiten lässt, geschmeidig ist und ein ausgeglichenes Aroma besitzt. Der Profi-Confiseur ergänzt die Sahne meist noch mit einer Beimischung von Glukosesirup (etwa 10 Prozent der Sahnemenge), der in besseren Konditoreien und in Backgeschäften und gut sortierten Kaufhäusern erhältlich ist. Dadurch wird die Creme noch geschmeidiger und hat einen schöneren Schmelz.

ZUBEREITUNG VON CANACHE-CREME

Sahne – mit oder ohne Glukosesirup – aufkochen. Die doppelte Menge dunkle Kuvertüre fein hacken, hinzugeben und unter Rühren schmelzen.
Alternativ kann man auch zuerst die Kuvertüre schmelzen und die abgekochte Sahne unter die flüssige Kuvertüre rühren. Das hat den Vorteil, dass Kuvertüre und Sahne sich viel schneller vermischen und dadurch viel leichter eine schöne, homogene Masse erstellt werden kann. Auf Struktur und Geschmack bleibt dies jedoch ohne Einfluss.

Die **Festigkeit der Canache-Creme** lässt sich verändern, indem man das Verhältnis von Sahne zu Kuvertüre verändert: je höher der Kuvertüreanteil, desto fester die Creme. Die Konsistenz lässt sich also je nach Verwendungszweck leicht variieren.

Auch die **Struktur der Canache-Creme** kann man leicht beeinflussen. Wird sie noch warm ausgegossen, so lässt sie sich nach dem vollständigen Erkalten besonders gut schneiden. Sie kann aber auch nach dem Abkühlen – zum Teil nach Zugabe weiterer Zutaten wie Butter oder Alkohol – cremig bis schaumig gerührt werden. Dann ist die Canache-Creme streich- und spritzfähig, was natürlich insbesondere für die Herstellung von Pralinen und Trüffeln von Vorteil ist.

Wichtig Auf keinen Fall sollte man für die Zubereitung von Canache ultrahocherhitzte, haltbare Sahne verwenden! Sie gibt einen schlechten Beigeschmack, der gerade bei Canache unangenehm auffällt.

RAHM-CANACHE-DREIECKE

1. Für die Canache-Creme 450 Gramm dunkle Kuvertüre temperieren (siehe Seite 14/15), gleichzeitig die Sahne kurz aufkochen. Die Sahne etwas abkühlen lassen und dann unter die flüssige Kuvertüre mischen.

2. Den Mixstab in die Canache-Creme stellen, einschalten und mit kreisenden Bewegungen mixen. Dann die Creme auf ein mit Backpapier ausgelegtes und mit Leisten auf 9 x 20 Zentimeter abgegrenztes Blech gießen. Mit einer Palette glatt streichen und abkühlen lassen.

3. Die Masse mit dem Backpapier vom Blech nehmen und mit einem langen Messer in kleine Dreiecke schneiden.

4. Die helle Kuvertüre und den Rest der dunklen Kuvertüre in separaten Schalen temperieren. Die Dreiecke mit einer Pralinengabel in die helle Kuvertüre tauchen, abstreifen und auf ein mit Backpapier ausgelegtes Blech absetzen.

5. Zum Dekorieren die temperierte dunkle Kuvertüre in eine Papiertüte (siehe Tipp) füllen und feine Linien über die Dreiecke spritzen.

Heinemann-Tipp

Um besonders feine Muster mit Kuvertüre oder Schokolade aufspritzen zu können, empfiehlt sich die Herstellung einer Spritztüte aus Pergamentpapier oder Backpapier. Dazu wird das Papier zu einem spitzen Trichter gerollt und an der Spitze ein kleines Stück abgeschnitten, sodass ein winziges Loch entsteht. Füllt man dann temperierte Kuvertüre in die Spritztüte, kann man feinste Linien auftragen.

INFO

Dies ist ein ganz einfaches Rezept für Canache-Pralinen. Sie finden sie auf Seite 84 abgebildet.

FÜR ETWA 50 STÜCK

500 g dunkle Kuvertüre
200 g Sahne
200 g helle Kuvertüre

Außerdem:
Pralinengabel

Zubereitungszeit:
ca. 30 Minuten

BUTTERPRALINEN

FÜR 60 STÜCK

Für die Pralinenkapseln:

300 g dunkle Kuvertüre zum Ausgießen der Förmchen

120 g dunkle Kuvertüre zum
Verschließen

Für die Füllung:

180 g helle Kuvertüre

60 g dunkle Kuvertüre

150 g Sahne

60 g Butter

1 Prise Salz

Außerdem:

60 Aluminium-Pralinenkapseln

Speisenthermometer

evtl. Spritzbeutel mit kleiner Lochtülle

Zubereitungszeit:
ca. 30 Minuten

Kühlzeit:
ca. 35 Minuten

1. Die Pralinenkapseln wie auf Seite 87 beschrieben vorbereiten.

2. Für die Füllung die helle und die dunkle Kuvertüre zusammen temperieren (siehe Seite 14/15). Sahne, Butter und Salz bis 40 °C erwärmen, die flüssige Kuvertüre dazugeben und kurz umrühren. Die Trüffelmasse 15 Minuten abkühlen lassen.

3. Die Trüffelmasse mithilfe eines Teelöffels oder eines Spritzbeutels so in die Pralinenkapseln füllen, dass etwa 4 Millimeter unterhalb des Randes frei bleiben. Die Pralinen dann für etwa 20 Minuten in den Kühlschrank geben, damit die Masse fest wird.

4. Zum Schluss die Pralinenkapseln mit temperierter dunkler Kuvertüre luftdicht verschließen.

Heinemann-Tipp

Sie haben zahlreiche Möglichkeiten, das Butterpralinen-Rezept nach Ihrem eigenen Geschmack zu verändern. So können Sie zum Beispiel zum Verschließen auch helle oder weiße Kuvertüre nehmen. Auch Ornamente mit andersfarbiger Kuvertüre machen sich gut. Sie können die Pralinen außerdem mit Liebesperlen bestreuen. Oder geben Sie beim Befüllen der Pralinen jeweils eine geröstete Kaffeebohne hinzu und bestreuen die Pralinen abschließend mit etwas gemahlenem Kaffee …
Ihrer Fantasie sind keine Grenzen gesetzt!

EIERLIKÖRPRALINEN

1. Die Pralinenkapseln wie auf Seite 87 beschrieben vorbereiten.

2. Für die Füllung die Kuvertüre temperieren (siehe Seite 14/15). Sahne und Butter auf 40 °C erwärmen, die flüssige Schokolade dazugeben, kurz umrühren, zum Schluss Eierlikör und Weinbrand dazugeben und nochmals umrühren. Die Trüffelmasse 15 Minuten abkühlen lassen.

3. Die Trüffelmasse mithilfe eines Teelöffels oder eines Spritzbeutels so in die Pralinenkapseln füllen, dass etwa 4 Millimeter unterhalb des Randes frei bleiben. Im Kühlschrank 20 Minuten fest werden lassen.

4. Zum Schluss die Pralinenkapseln mit temperierter weißer Kuvertüre luftdicht verschließen.

FÜR 60 STÜCK

Für die Pralinenkapseln:

300 g weiße Kuvertüre zum Ausgießen der Förmchen

120 g weiße Kuvertüre zum
Verschließen

Für die Füllung:

260 g weiße Kuvertüre

90 g Sahne

40 g Butter

7 cl Eierlikör

1 cl Weinbrand

Außerdem:

60 Aluminium-Pralinenkapseln

Speisenthermometer

evtl. Spritzbeutel mit kleiner
Lochtülle

Zubereitungszeit:
ca. 45 Minuten

Kühlzeit:
ca. 35 Minuten

CAPPUCCINOMONDE

FÜR ETWA 50 STÜCK

350 g helle Kuvertüre
150 g Sahne
60 g Zucker
2 Eigelb
2 EL Instant-Kaffeegranulat
350 g helle Kuvertüre
300 g dunkle Kuvertüre

Zum Garnieren:
wahlweise ganze, kandierte oder
gehackte Nüsse, kleine
Marzipan-Ornamente

Außerdem:
Speisenthermometer
Tortenring
Halbmond-Ausstecher

Zubereitungszeit:
ca. 45 Minuten

1. Die helle Kuvertüre im Wasserbad bei etwa 40 °C schmelzen. Gleichzeitig die Sahne aufkochen. Zucker und Eigelb verrühren, unter ständigem Rühren zur Sahne hinzugeben und die Mischung auf 80 °C erwärmen. Das Kaffeegranulat untermischen und die aufgelöste Kuvertüre einrühren.

2. Einen Tortenring auf ein Backpapier setzen, die Creme 1 Zentimeter hoch einfüllen, glatt streichen und über Nacht kalt stellen, jedoch nicht in den Kühlschrank.

3. Die dunkle Kuvertüre temperieren (siehe Seite 14/15). Masse aus dem Ring schneiden, stürzen und das Papier abziehen. Mit etwa 50 Gramm der temperierten Kuvertüre bestreichen. Anziehen lassen, dann wenden, damit die Kuvertüreschicht unten ist.

4. Mit einem Ausstecher, der immer wieder in heißes Wasser getaucht wird, Halbmonde ausstechen. Die Halbmonde kurz in die restliche dunkle Kuvertüre hineintauchen, zum Abtropfen auf ein Überziehgitter oder auf Backpapier setzen.

5. Der Jahreszeit entsprechend garnieren, beispielsweise mit Nüssen oder, zu Weihnachten, mit kleinen gelben Marzipansternchen.

-Tipp

Selbstverständlich können Sie nach Wunsch auch andere Formen aus der Schokoladenmasse ausstechen und so zu jedem Anlass passende Cappuccinopralinen erhalten. Und wenn Sie nicht mit Sternen dekorieren möchten: Verwenden Sie helle Kuvertüre, um auf den Überzug aus dunkler Kuvertüre feine Linien zu ziehen oder Ornamente aufzuspritzen.

INFO

Ein Pralinenrezept, das ganz ohne Schokoladen-Hohlkugeln oder Pralinenkapseln auskommt – ebenso wie übrigens die Rezepte auf Seite 98.

NOUGAT-TRÄUME

NOUGATCREME-PRALINEN

FÜR 60 STÜCK

Für die Pralinenkapseln:

420 g helle Kuvertüre (Ausgießen)

120 g helle Kuvertüre (Verschließen)

Für die Füllung:

120 g helle Kuvertüre

300 g heller Mandelnougat

2 TL Honig

40 g geröstete, geriebene
Mandeln

Außerdem:

60 Aluminium-Pralinenkapseln
Spritzbeutel mit kleiner Lochtülle

Zubereitungszeit: ca. 30 Minuten

1. Die Pralinenkapseln wie auf Seite 87 beschrieben vorbereiten. Für die Füllung die Kuvertüre temperieren (siehe Seite 14/15). Den Nougat in einer Metallschüssel im Wasserbad gerade butterweich schmelzen.

2. Beides mit den übrigen Zutaten verrühren und mithilfe des Spritzbeutels bis zum Rand in die Pralinenkapseln einfüllen. Abkühlen lassen. Die Kapseln mit temperierter Kuvertüre luftdicht verschließen.

NOUGAT-NOBLESSE-PRALINEN ▶

FÜR 70 STÜCK

Für die Pralinenkapseln:

350 g helle Kuvertüre (Ausgießen)

140 g helle Kuvertüre (Verschließen)

Für die Füllung und Verzierung:

170 g Sahne, 45 ml Milch, 65 g Butter

Mark von 1/2 Vanilleschote

300 g dunkler Mandelnougat (am besten vom Konditor)

50 g weiße Kuvertüre

Außerdem:

70 Aluminium-Pralinenkapseln
Spritzbeutel mit kleiner Lochtülle

Zubereitungszeit: ca. 30 Minuten

1. Die Pralinenkapseln wie auf Seite 87 beschrieben vorbereiten. Für die Füllung Sahne und Milch aufkochen. Die Butter darin schmelzen. Vanillemark und gehacktes Mandelnougat unterrühren.

2. Die Trüffelmasse mithilfe des Spritzbeutels bis zum Rand in die Pralinenkapseln einfüllen und über Nacht kühl stellen.

3. Die Kuvertüre zum Verschließen und die Kuvertüre zum Verzieren in separaten Schalen temperieren (siehe Seite 14/15). Die Kapseln mit heller Kuvertüre luftdicht verschließen, erstarren lassen. Die Pralinen mit weißer Kuvertüre mit einer Papiertüte (siehe Tipp auf Seite 89) garnieren.

SAHNEPRALINEN

FÜR 40 STÜCK

Für die Pralinenkapseln:

200 g helle Kuvertüre zum Ausgießen der Förmchen

80 g helle Kuvertüre zum Verschließen

Für die Füllung:

160 g helle Kuvertüre

100 g Sahne

Mark von 1/4 Vanilleschote

80 g Butter

Zum Verzieren:

40 g helle Kuvertüre

Außerdem:

40 Aluminium-Pralinenkapseln

Spritzbeutel mit kleiner Lochtülle

Zubereitungszeit:

ca. 30 Minuten

1. Die Pralinenkapseln wie auf Seite 87 beschrieben vorbereiten.

2. Für die Füllung die helle Kuvertüre hacken. Die Sahne aufkochen. Vanillemark und Butter unterrühren. Die Kuvertüre zugeben und alles glatt rühren. Die Masse dann mithilfe des Spritzbeutels in die Pralinenkapseln füllen. Für 3 bis 4 Stunden kühl stellen.

3. Die helle Kuvertüre zum Verschließen und die helle Kuvertüre zum Verzieren zusammen temperieren (siehe Seite 14/15). Die Pralinenkapseln mit der Kuvertüre luftdicht verschließen und anziehen lassen.

4. Die restliche Kuvertüre in eine Papiertüte (siehe Tipp auf Seite 89) füllen und ein feinmaschiges Gitter auf die Pralinen spritzen.

Heinemann-Tipp

Das Sahnepralinen-Rezept lässt sich wunderbar als Basisrezept für zahlreiche Varianten verwenden. So können Sie zum Beispiel in die warme Trüffelmasse einige Tropfen Rosenwasser geben und am Schluss die Pralinen jeweils mit einem kandierten Rosenblatt verzieren. Das erinnert an den Film »Chocolat«! Sie können aber auch einen pikanten Geschmack kreieren, indem Sie Ihr Lieblingsgewürz in die warme Trüffelmasse mischen. Achten Sie aber darauf, dass Sie jeweils nur ganz geringe Mengen verwenden, da Schokolade ein sehr feiner und guter Geschmacksträger ist! Auch bei der Verzierung sind Ihrer Fantasie keine Grenzen gesetzt: Beispielsweise können Sie mit temperierter Kuvertüre feine Linien, Punkte, Herzchen oder verschiedene Buchstaben aufspritzen. So können Sie zum Beispiel die Initialen Ihrer Gäste auf die Pralinen aufspritzen und diese als kreative »Tischkärtchen« verwenden. Oder Sie setzen aus mehreren Pralinen ganze Wörter zusammen, zum Beispiel »SORRY«, »FÜR MUTTI« oder »ICH LIEBE DICH«.

HONIG-RUM-PRALINEN

1. Die Pralinenkapseln wie auf Seite 87 beschrieben vorbereiten.

2. Für die Füllung die Sahne zusammen mit der Zimtstange und dem Honig aufkochen. Die Zimtstange herausnehmen.

3. Die helle und die dunkle Kuvertüre zusammen im Wasserbad schmelzen, zur Sahne hinzugeben und die Mischung glatt rühren. Erst den Rum, dann die Butter nur kurz in die Masse einrühren, damit sie nicht schaumig wird.

4. Die Masse mithilfe des Spritzbeutels in die Pralinenkapseln füllen und kühl stellen. Dann mit Kakaopulver bestäuben.

FÜR 60 STÜCK

Für die Pralinenkapseln:
300 g helle Kuvertüre

Für die Füllung:
100 g Sahne, 1 Zimtstange, 75 g Honig
je 125 g helle und dunkle Kuvertüre
2 cl Rum, 50 g weiche Butter
etwas Kakaopulver

Außerdem:
60 Aluminium-Pralinenkapseln
Spritzbeutel mit kleiner Lochtülle

Zubereitungszeit: ca. 30 Minuten

ERDBEERTRÜFFEL MIT INGWER

1. Die dunkle Kuvertüre klein hacken und die Butter in kleine Stücke schneiden.

2. Das Erdbeerpüree mit der Sahne aufkochen, von der Kochstelle nehmen und den Ingwer zugeben. Die Mischung 15 Minuten zugedeckt ziehen lassen, dann durch ein Sieb gießen und in einem Topf auf 70 bis 80 °C erhitzen.

3. Die Erdbeersahne auf die gehackte Kuvertüre gießen. Rühren, bis die Kuvertüre aufgelöst ist. Die Butter unterrühren. Die Masse für etwa 2 Stunden kalt stellen.

4. Die weiße Kuvertüre temperieren (siehe Seite 14/15). Aus der Trüffelmasse kleine Kugeln formen und mit der weißen Kuvertüre überziehen.

FÜR 30 BIS 40 STÜCK

300 g dunkle Kuvertüre, 20 g Butter
100 g Erdbeeren, püriert
50 g Sahne, 10 g Ingwer, frisch gerieben
200 g weiße Kuvertüre

Zubereitungszeit: 50 Minuten
Kühlzeit: ca. 2 Stunden

HONIG-ZIMT-TRÜFFEL

FÜR ETWA 50 STÜCK

150 g Butter

100 g Marzipan
(60 % Mandeln, 40 % Zucker)

etwas gemahlener Zimt

80 g Honig

200 g dunkle Kuvertüre

500 g helle Kuvertüre

Außerdem:

Spritzbeutel mit großer Lochtülle

Pralinengabel

Zubereitungszeit:
ca. 60 Minuten

1. Die Butter mit Marzipan und Zimt schaumig rühren. Den Honig nach und nach unterrühren. Die dunkle und 200 Gramm helle Kuvertüre klein hacken und im Wasserbad schmelzen. Die Schokolade unter die Buttermasse rühren und die Masse erkalten lassen.

2. Die Masse mit dem Spritzbeutel zu Kugeln auf Backpapier spritzen. Erstarren lassen. Für den Überzug die restliche helle Kuvertüre temperieren (siehe Seite 14/15). Die Kugeln mithilfe einer Pralinengabel eintauchen, gut abtropfen lassen und anschließend auf einem Gitter absetzen.

3. Wenn der Überzug beginnt fest zu werden, die Trüffeln auf dem Gitter mit zwei Gabeln hin- und herrollen. So entsteht das typische »igelige« Trüffelmuster.

SMOKED-TEA-TRÜFFEL ▶

FÜR ETWA 50 STÜCK

10 g geräucherter Tee

300 ml Milch, ggf. etwas mehr

800 g dunkle Kuvertüre oder Edelbitter-Schokolade (63 %)

200 g weiche Butter

etwas dunkles Kakaopulver

Zubereitungszeit:
ca. 45 Minuten

1. Den Tee in der Milch aufkochen und 10 Minuten zugedeckt ziehen lassen. Den Sud durch ein Sieb gießen. Die Tee-Milch gegebenenfalls mit zusätzlicher Milch auf 250 Milliliter ergänzen.

2. Die Kuvertüre klein hacken. Den Milch-Tee-Sud nochmals aufkochen und die Kuvertüre zugeben. Zuletzt die weiche Butter zart unterziehen.

3. Ein Backblech oder eine flache Form mit Alufolie auslegen. Die Trüffelmasse etwa 2 Zentimeter hoch einfüllen und erkalten lassen.

4. Die erkaltete Masse stürzen und die Alufolie abziehen. Mit einem warmen Messer die Masse in 2 x 2 Zentimeter große Würfel schneiden. Abschließend in Kakaopulver wälzen.

ROSENTRÜFFEL

FÜR ETWA 50 STÜCK

200 g helle Kuvertüre
200 g dunkle Kuvertüre
300 g Sahne
30 g Butter
1 Tropfen Rosenöl
als Unterlage wahlweise: Schokoplättchen, Marzipanplättchen oder
Gebäck

Für den Überzug:
500 g helle oder weiße Kuvertüre
kandierte Rosenblätter als Garnitur
(nach Wunsch)

Außerdem:
Spritzbeutel mit Lochtülle

Zubereitungszeit:
ca. 70 Minuten

1. Die helle und die dunkle Kuvertüre
fein hacken. Sahne kurz aufkochen, dann
den Topf von der Kochstelle nehmen. Erst
die Butter, dann die fein gehackten Schokoladen hinzugeben. Zum Schluss das
Rosenöl hinzufügen und kurz mischen.
Bei Raumtemperatur in einem flachen
Geschirr abkühlen lassen. **Wichtig:** Die
Zutaten nicht zu sehr vermischen, sonst
wird die Trüffelmasse schaumig und
dadurch fest! Denn je mehr Luft in eine
Canache gerührt wird, umso mehr verliert
sie an Geschmeidigkeit.

2. Die Trüffelmasse vorsichtig in den
Spritzbeutel füllen und auf kleine Unter-
lagen spritzen (z. B. ein Schokoplättchen,

ein Marzipanplättchen oder Gebäckstück).
Erkalten lassen.

3. Die helle Kuvertüre für den Überzug
temperieren (siehe Seite 14/15). Die Trüffeln damit überziehen und nach Wunsch
mit kandierten Rosenblättern garnieren.

INFO

Ein Rezept, das ganz ohne Schokoladen-
Hohlkugeln oder Pralinenkapseln
auskommt.

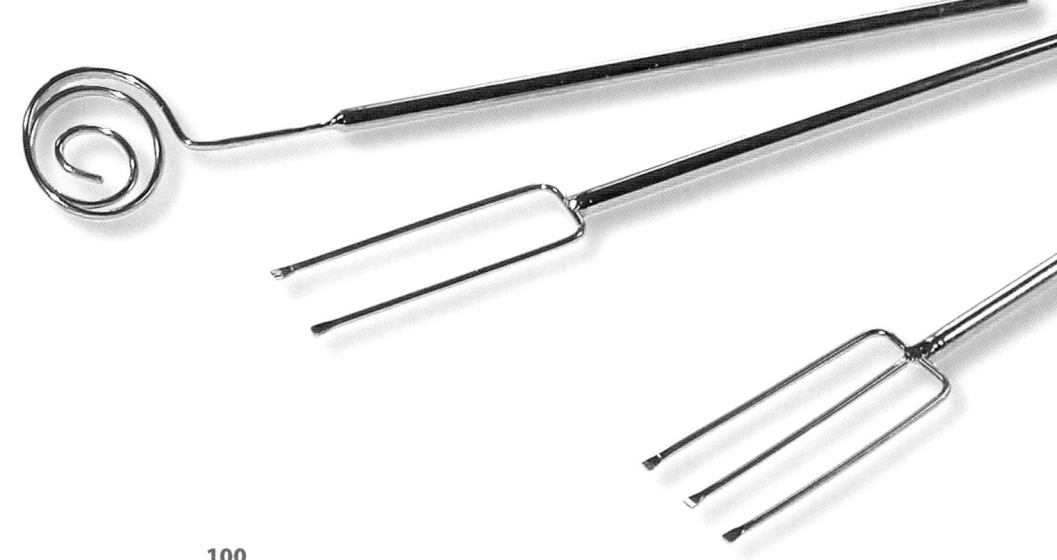

GRAND-MARNIER-PRALINEN

1. Das Marzipan 1 bis 2 Millimeter dick ausrollen und 50 runde Böden für die Pralinen ausstechen.

2. Für die Füllung Marzipanrohmasse, Grand Marnier und gemahlene Pistazien miteinander mischen. Die Masse in den Spritzbeutel geben und kegelförmig auf die Pralinenböden spritzen.

3. Die helle und die dunkle Kuvertüre für den Überzug zusammen temperieren (siehe Seite 14/15). Die Pralinen auf eine Pralinengabel setzen, kurz in die Kuvertüre tauchen und zum Abtropfen auf ein Überziehgitter oder auf Backpapier setzen. Als edle Garnitur können kandierte Veilchenblüten verwendet werden.

INFO

Und noch ein Rezept, für das weder Schokoladen-Hohlkugeln noch Pralinenkapseln benötigt werden.

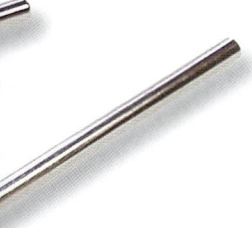

Heinemann-Tipp

Wenn Sie diese Praline noch ein wenig süßer haben möchten, können Sie statt des Grand Marnier auch Cointreau nehmen.

FÜR ETWA 50 STÜCK

200 g Marzipanrohmasse

Für die Füllung:

300 g Marzipanrohmasse

75 ml Grand Marnier

45 g gemahlene Pistazien

Für den Überzug:

150 g helle Kuvertüre

150 g dunkle Kuvertüre

kandierte Veilchenblüten als Garnitur (nach Wunsch)

Außerdem:

runder Ausstecher von 2–2,5 cm Ø

Spritzbeutel mit mittelgroßer Lochtülle

Pralinengabel

Zubereitungszeit:

ca. 45 Minuten

COGNAC-CANACHE-KIRSCH-PRALINEN

FÜR 40 STÜCK

Für die Pralinenkapseln:

200 g helle oder dunkle Kuvertüre
zum Ausgießen der Förmchen

80 g helle oder dunkle Kuvertüre
zum Verschließen

Für die Füllung:

150 g Fondant (vom Konditor)

4 cl Cognac

130 g helle Kuvertüre

30 g Sahne

20 g Butter

5 cl Kirschgeist

ca. 40 Cognac-Kirschen

Außerdem:

40 Aluminium-Pralinenkapseln

Speisenthermometer

Spritzbeutel mit kleiner Lochtülle

Zubereitungszeit:
ca. 45 Minuten

1. Die Pralinenkapseln wie auf Seite 87 beschrieben vorbereiten.

2. Für die Füllung den Fondant mit dem Cognac in einer Metallschüssel bei 35 °C im Wasserbad geschmeidig rühren.

3. Für die Kirsch-Canache die Kuvertüre klein hacken. Die Sahne aufkochen und die Kuvertüre darin schmelzen. In eine Schüssel geben und mit dem Mixstab mischen. Mit der Butter cremig rühren, dann den Kirschgeist zugeben.

4. In die vorbereiteten Pralinenkapseln je eine halbe oder ganze Cognac-Kirsche einlegen und mit ein wenig Cognac-Fondant überspritzen. Antrocknen lassen. Dann mithilfe des Spritzbeutels die Pralinenkapseln mit flüssiger Kirsch-Canache auffüllen, so dass mindestens 1 Millimeter Rand frei bleibt. Die Creme fest werden lassen.

5. Zum Schluss die Pralinenkapseln mit temperierter Kuvertüre luftdicht verschließen.

Heinemann-Tipp

Diese Praline können Sie nach Lust und Laune variieren, indem Sie eingelegte Früchte Ihrer Wahl mit einem aus derselben Obstsorte hergestellten Schnaps oder Branntwein kombinieren.

KAFFEE-KIRSCH-PRALINEN

1. Die Pralinenkapseln wie auf Seite 87 beschrieben vorbereiten.

2. Für die Sahnefüllung Sahne und Zucker unter Rühren aufkochen und bei mittlerer Hitze auf 109 °C bringen (Zuckerthermometer verwenden). Den Glukosesirup zugeben und die Mischung auf 114 °C erhitzen. Ist diese Temperatur erreicht, den Topf kurz in kaltes Wasser stellen, um die Masse abzuschrecken, dann zum Auskühlen auf ein Blech mit Rand gießen.

3. Die Sahne-Zucker-Masse in einer Metallschüssel im Wasserbad auf etwa 30 °C erwärmen. Die Milch, bis auf 3 Esslöffel, erhitzen, mit Wasser sowie dem Kaffeegranulat vermischen und unter die Sahne-Zucker-Masse rühren. Die Pralinenkapseln zu je einem Drittel füllen. Kühl stellen.

4. Die Kuvertüre klein hacken. Die übrigen 3 Esslöffel Milch erhitzen und die Butter darin schmelzen. Den Topf von der Platte nehmen, die Kuvertüre hinzugeben und schmelzen. Das Kirschwasser nach und nach unter die Masse rühren. Abkühlen lassen.

5. Die abgekühlte Masse in die Pralinenkapseln auf die angezogene Sahne-Zucker-Masse gießen. Die Kapseln über Nacht kühl stellen.

6. Die Kuvertüre zum Verschließen und die Kuvertüre zum Verzieren getrennt temperieren (siehe Seite 14/15). Die Pralinenkapseln mit der dunklen Kuvertüre luftdicht verschließen und anziehen lassen. Die helle Kuvertüre in eine Papiertüte (siehe Tipp auf Seite 89) füllen und feine Garnierstriche auf die Pralinen spritzen.

-Tipp
Für Irish-Coffee-Pralinen wird lediglich das Kirschwasser durch Irish Whiskey und die dunkle Kuvertüre für die Pralinenkapseln durch helle Kuvertüre ersetzt.

INFO

Dieses Rezept ist nur für ambitionierte Hobby-Confiseure und Profis zu empfehlen! Gerade das präzise Temperieren der Sahne-Zucker-Mischung ist eine echte Herausforderung.

FÜR 40 STÜCK

Für die Pralinenkapseln:

200 g dunkle Kuvertüre zum Ausgießen der Förmchen

80 g dunkle Kuvertüre zum Verschließen

Für die Füllung:

100 g Sahne

100 g Zucker

20 g Glukosesirup (vom Konditor)

40 ml Milch

1 TL Wasser

1 EL Instant-Kaffeegranulat

100 g helle Kuvertüre

15 g Butter

5 cl Kirschwasser

Zum Verzieren:

40 g helle Kuvertüre

Außerdem:

40 Aluminium-Pralinenkapseln

Zuckerthermometer

Zubereitungszeit:
ca. 60 Minuten

Kühlzeit:
über Nacht

MOZARTKUGELN

FÜR 40 BIS 50 STÜCK

400 g Nougat (vom Konditor oder selbst zubereitet, siehe Tipp)

Für das Pistazienmarzipan:
150 g Marzipanrohmasse
50 g gemahlene Pistazien
2 cl Maraschino

Für den Überzug:
ca. 500 g dunkle Kuvertüre

Außerdem:
runder Ausstecher von 2–2,5 cm Ø
Metallfolie zum Verpacken

Zubereitungszeit:
ca. 90 Minuten

Trockenzeit:
ca. 30 Minuten

1. Vom Nougat kleine Stücke mit einem Teelöffel portionieren und diese zu Kugeln formen.

2. Für das Pistazienmarzipan alle Zutaten gut vermischen, dann etwa 1 bis 2 Millimeter dick ausrollen, rund ausstechen, um die Nougatkugeln legen und rund rollen.

3. Für den Überzug die dunkle Kuvertüre temperieren (siehe Seite 14/15). Die Kugeln auf Holzstäbchen spießen, in die Kuvertüre tunken und drehend ablaufen lassen. Zum Festwerden die Holzstäbchen senkrecht in eine Styroporplatte oder Ähnliches stecken.

4. Nach dem Festwerden den Holzstab vorsichtig abziehen und das Loch mit etwas flüssiger Schokolade schließen. Die Mozartkugeln einzeln in Metallfolie verpacken.

 Heinemann-Tipp

Der Nougat kann auch selbst zubereitet werden: 150 Gramm Haselnüsse rösten und die braunen Häutchen abreiben. Die Nüsse in der Küchenmaschine ganz fein zerhacken, bis eine nahezu mehlige Konsistenz erreicht ist. 250 Gramm helle Kuvertüre schmelzen und gut mit den Haselnüssen mischen. Abkühlen und fest werden lassen.

INFO

Dieses Rezept kommt ganz ohne Schokoladen-Hohlkugeln beziehungsweise Pralinenkapseln aus.

VARIANTE

Blitz-Mozartkugeln Schokoladen-Hohlkugeln vom Konditor kaufen, mithilfe eines Spritzbeutels zur Hälfte mit dem weich gemachten (erwärmten) Nougat füllen und zur anderen Hälfte mit dem (durch Zugeben von etwas Wasser) weich gemachten Pistazienmarzipan füllen. Das Loch mit Schokolade verschließen, nach Wunsch zusätzlich mit dunkler Kuvertüre überziehen.

MARZIPANPRALINEN-VARIANTEN

ORANGEN-MARZIPAN-PRALINEN

FÜR 30 STÜCK

Für die Pralinenkapseln:

150 g dunkle Kuvertüre zum
Ausgießen der Förmchen

75 g dunkle Kuvertüre zum
Verschließen

Für die Füllung:

200 g Marzipanrohmasse

70 ml frisch gepresster Orangensaft

15 g Puderzucker

1 g abgeriebene unbehandelte
Orangenschale

Außerdem:

30 Aluminium-Pralinenkapseln

evtl. Spritzbeutel mit Lochtülle

Zubereitungzeit: ca. 30 Minuten

1. Die Pralinenkapseln wie auf Seite 87 beschrieben vorbereiten.

2. Alle Zutaten für die Füllung gut vermischen, durch ein feines Sieb passieren. Die Masse mithilfe eines Spritzbeutels oder Teelöffels bis etwa 4 Millimeter unterhalb des Randes in die Kapseln füllen.

3. Die gefüllten Förmchen mit temperierter dunkler Kuvertüre (siehe Seite 14/15) luftdicht verschließen.

MARACUJA-MARZIPAN-PRALINEN

FÜR 30 STÜCK

Für die Pralinenkapseln:

150 g weiße oder helle Kuvertüre
zum Ausgießen der Förmchen

75 g weiße oder helle Kuvertüre zum
Verschließen

Für die Füllung:

1 vollreife Maracuja (ca. 100 g
Fruchtfleisch)

80 g Zucker

120 g Marzipanrohmasse

Außerdem:

30 Aluminium-Pralinenkapseln

Spritzbeutel mit kleiner Lochtülle

Zubereitungzeit: ca. 30 Minuten

1. Die Pralinenkapseln wie auf Seite 87 beschrieben vorbereiten.

2. Für die Füllung das Maracujafruchtfleisch aus der Frucht lösen, mit dem Zucker aufkochen und bei schwacher Hitze auf etwa die Hälfte reduzieren. Durch ein feines Sieb passieren.

3. Das Maracujamus mit dem Marzipan zu einer spritzfähigen Mischung rühren. Mit dem Spritzbeutel bis 2 Millimeter unter den Rand in die Pralinenkapseln einfüllen und abkühlen lassen.

4. Zum Schluss die Pralinenkapseln mit temperierter Kuvertüre (siehe Seite 14/15) luftdicht verschließen.

AMARETTOPRALINEN

1. Die Butter in Stückchen schneiden, damit sie weich wird. Das Marzipan mit 2 Zentiliter des Amaretto und dem Puderzucker mischen.

2. Die Marzipanmasse auf Backpapier dünn auf gut 20 x 20 Zentimeter ausrollen und den Tortenrahmen daraufsetzen (überstehende Ränder entfernen).

3. Die dunkle Kuvertüre schmelzen. Sahne, Glukosesirup, Zucker und den restlichen Amaretto ganz kurz aufkochen und die flüssige Kuvertüre untermischen. Dann die weichen Butterstückchen mit einem Holzspatel unterrühren.

4. Die Schokoladenmasse auf dem Marzipan verteilen und fest werden lassen. Währenddessen die helle Kuvertüre temperieren (siehe Seite 14/15).

5. Die Marzipan-Schokoladenplatte in pralinengroße Stücke (etwa 2,5 x 2,5 Zentimeter) schneiden und die Stücke mithilfe einer Pralinengabel mit der hellen Kuvertüre überziehen. Jede Praline mit einer Mandel garnieren.

FÜR ETWA 64 STÜCK

150 g Butter

200 g Marzipan

6 cl Amaretto, 1 TL Puderzucker

400 g dunkle Kuvertüre

80 g Sahne

100 g Glukosesirup

100 g Zucker

300 g helle Kuvertüre

100 g abgezogene ganze Mandeln

Außerdem:

rechteckiger Tortenrahmen von 20 x 20 cm

Pralinengabel

Zubereitungszeit: 60 Minuten

CHAMPAGNE-TRÜFFEL

FÜR 60 STÜCK

60 helle Schokoladen-Hohlkugeln

Für die Champagne-Füllung:

125 g weiße Schokolade

65 g weiche Butter

30 g Läuterzucker (siehe Glossar)

3 cl Marc de Champagne

Für die Canache:

130 g dunkle Kuvertüre oder Edel-bitter-Schokolade (64 %)

80 g Sahne

1 Vanilleschote

60 g Butter

Für den Überzug:

ca. 100 g helle Kuvertüre

20 g Puderzucker

Außerdem:

Spritzbeutel mit kleiner Lochtülle

Zubereitungszeit:
ca. 60 Minuten

Kühlzeit:
über Nacht

1. Für die Füllung die Schokolade im Wasserbad schmelzen. Die Butter cremig rühren. Die flüssige Schokolade zur Butter geben, den Läuterzucker und den Marc de Champagne einrühren. (Wenn die Masse nicht glatt wird, den Schüsselboden ganz kurz in einem Wasserbad erwärmen.)

2. Für die Canache die dunkle Kuvertüre klein hacken. Die Sahne mit der längs aufgeschnittenen Vanilleschote aufkochen, dann den Topf von der Kochstelle nehmen. Die Vanilleschote herausnehmen, das Vanillemark auskratzen und dieses zurück in die Sahne geben. Die fein gehackte Kuvertüre in die heiße Sahne geben und

zum Schluss die Butter in kleinen Stück-chen zugeben.

3. Zum Verarbeiten müssen Champagne-Füllung und Canache kühl, aber noch weich und dickflüssig sein. Die Champagne-Füllung in den Spritzbeutel geben und die Schokoladen-Hohlkugeln jeweils zur Hälfte füllen. Die Füllung kurz fest werden lassen. Dann die Canache in den Spritzbeutel gegeben und die Hohl-kugeln damit auffüllen. 1 Tag kühl stellen, jedoch nicht im Kühlschrank.

4. Die Kugeln mit temperierter heller Kuvertüre (siehe Seite 14/15) überziehen, abkühlen lassen und in Puderzucker wälzen.

INFO

Heinemann ist stolzer Hersteller der welt-besten Champagne-Trüffeln! Das Original-Rezept ist natürlich geheim, aber mit diesem abgewandelten Rezept können auch Sie sich an diesem einmaligen Gaumen-genuss versuchen.

TRÜFFELVARIANTEN

CALVADOSTRÜFFEL

FÜR 50 STÜCK

220 g helle Kuvertüre

185 g dunkle Kuvertüre

100 g Sahne, 50 g Butter

10 cl Calvados

50 helle Schokoladen-
Hohlkugeln

Für den Überzug:

ca. 500 g helle Kuvertüre

Außerdem:

Spritzbeutel mit kleiner Lochtülle

Zubereitungszeit:
jeweils ca. 45 Minuten

Kühlzeit: über Nacht

1. Kuvertüre temperieren (siehe Seite 14/15). Sahne aufkochen, mit Butter und Calvados mischen. Die Kuvertüre zugeben.

2. Masse leicht abgekühlt, aber noch flüssig mit dem Spritzbeutel in die Hohlkugeln füllen. Eine Nacht kühl stellen, jedoch nicht im Kühlschrank. Die Trüffeln mit temperierter Kuvertüre überziehen.

Heinemann-Tipp

Zum Garnieren können Goldstaub, Schokostreusel, kleine Sternchen oder Liebesperlen verwendet werden.

SAHNETRÜFFEL

FÜR 30 STÜCK

100 g dunkle Kuvertüre oder
 Edelbitter-Schokolade (63 %)

90 g helle Kuvertüre oder
Milchschokolade (49 %)

150 g Sahne

30 g Butter

30 helle Schokoladen-
Hohlkugeln

Für den Überzug:
500 g helle Kuvertüre

Außerdem:
Spritzbeutel mit kleiner Lochtülle

Zubereitungszeit:
jeweils ca. 45 Minuten

Kühlzeit:
über Nacht

1. Helle und dunkle Kuvertüre zusammen temperieren (siehe Seite 14/15). Die Sahne aufkochen, mit der Butter mischen und die Kuvertüre zugeben.

2. Masse in leicht abgekühlter, aber noch flüssiger Form in den Spritzbeutel geben und in die Schokoladen-Hohlkugeln füllen. 1 Nacht kühl stellen, jedoch nicht im Kühlschrank.

3. Die einzelnen Trüffeln mit der temperierten Kuvertüre überziehen.

APFEL-ZIMT-TRÜFFEL

1. Helle und dunkle Kuvertüre zusammen temperieren (siehe Seite 14/15). Die Sahne mit dem Zimt aufkochen, mit der Butter und dem Apfelsaft mischen und die temperierte Kuvertüre zugeben.

2. Masse leicht abgekühlt, aber noch flüssig mit dem Spritzbeutel in die Hohlkugeln füllen. Eine Nacht kühl stellen, jedoch nicht im Kühlschrank. Die Trüffeln mit temperierter Kuvertüre überziehen.

FÜR 50 STÜCK

250 g helle Kuvertüre

200 g dunkle Kuvertüre

120 g Sahne

2 g gemahlener Zimt

60 g Butter

100 ml Apfelsaft

50 helle Schokoladen-Hohlkugeln

Für den Überzug:

500 g helle Kuvertüre

Außerdem:

Spritzbeutel mit kleiner Lochtülle

Zubereitungszeit:
jeweils ca. 45 Minuten

Kühlzeit:
über Nacht

RUMKUGELN

1. Die Kuvertüre temperieren (siehe Seite 14/15). Die Sahne aufkochen, mit der Butter und dem Rum mischen und die temperierte Kuvertüre zugeben.

2. Masse leicht abgekühlt, aber noch flüssig mit dem Spritzbeutel in die Hohlkugeln füllen. Eine Nacht kühl stellen, jedoch nicht im Kühlschrank. Die Trüffeln mit temperierter Kuvertüre überziehen.

FÜR 40 STÜCK

250 g dunkle Kuvertüre

200 g Sahne

30 g Butter

4 cl Rum

40 dunkle Schokoladen-Hohlkugeln

Für den Überzug:

500 g dunkle Kuvertüre

Außerdem:

Spritzbeutel mit kleiner Lochtülle

Zubereitungszeit:
jeweils ca. 45 Minuten

Kühlzeit:
über Nacht

GRAPPATRÜFFEL

FÜR 50 STÜCK

50 helle Schokoladen-Hohlkugeln

Für die Creme:

120 g Sahne

40 g Glukosesirup

180 g helle Kuvertüre

60 g dunkle Kuvertüre

40 g Butter

8 cl Grappa

Für den Überzug:

50 g helle Kuvertüre

50 g dunkle Kuvertüre

Außerdem:

Speisenthermometer

Spritzbeutel mit kleiner Lochtülle

Zubereitungszeit:
ca. 45 Minuten

Kühlzeit:
über Nacht

1. Für die Creme die Sahne mit dem Glukosesirup aufkochen und beide Kuvertüresorten hacken und darin schmelzen. Die Mischung auf 30 °C abkühlen lassen. Mit der Butter cremig rühren und mit dem Grappa aromatisieren.

2. Die Creme mit dem Spritzbeutel so in die Schokoladen-Hohlkugeln füllen, dass ein Rand von 1 Millimeter frei bleibt. Über Nacht fest werden lassen (nicht im Kühlschrank!).

3. Für den Überzug die helle und die dunkle Kuvertüre separat temperieren (siehe Seite 14/15). Mit der hellen Kuvertüre die Einfülllöcher der Kugeln zuspritzen. Mit der dunklen Kuvertüre eine Schlangenlinie auf die Oberfläche spritzen.

Heinemann-Tipp

Für diese Trüffeln empfiehlt sich ein kräftiger, aromatischer Grappa, der aber keinesfalls scharf sein sollte, sondern eher mild im Geschmack. Um herauszufinden, welcher Grappa mild ist, gibt es allerdings nur eine Möglichkeit: Ausprobieren!

WEIHNACHTS-TRÜFFELSTERNE

1. Die Kuvertüre klein hacken und im Wasserbad schmelzen. Sahne mit Apfelsaft aufkochen. Butter darin schmelzen. Gewürze und Calvados zugeben und die Kuvertüre dazumischen.

2. Die Creme mithilfe des Spritzbeutels so in die Schokoladenhohlkörper füllen, dass ein Rand von 1 Millimeter frei bleibt. Über Nacht erstarren lassen.

3. Die helle und die dunkle Kuvertüre für den Überzug in separaten Schalen temperieren (siehe Seite 14/15). Zum Verschließen der Pralinen die helle Kuvertüre in eine Papiertüte (siehe Tipp auf Seite 89) füllen und die Sternformen damit zuspritzen.

4. Die dunkle Kuvertüre ebenfalls in eine Papiertüte füllen und eine Schlangenlinie auf die noch flüssige Oberfläche jedes Trüffelsterns spritzen.

Heinemann-Tipp

Sie können diese Praline wunderbar mit kleinen Sternchen aus weißer oder dunkler Schokolade garnieren oder auch goldene Zuckerperlen auflegen.

INFO

Dieses Rezept ist speziell für Schokoladen-Hohlkörper in Sternform gedacht.

FÜR 60 STÜCK

360 g helle Kuvertüre

150 g dunkle Kuvertüre

250 g Sahne

80 ml Apfelsaft

50 g Butter

etwas gemahlener Zimt und Koriander

5 cl Calvados

60 helle Schokoladen-Hohlkörper in Sternform

Für den Überzug:

ca. 150 g helle Kuvertüre

ca. 50 g dunkle Kuvertüre

Außerdem:

Spritzbeutel mit kleiner Lochtülle

Zubereitungszeit:
ca. 45 Minuten

Kühlzeit:
über Nacht

SCHOKOLADEN-DESSERTS

Ob groß oder klein: Jeder freut sich über einen herrlich schokoladigen Nachtisch! Selbst gemachtes Schokoladencreme-Eis versetzt in Entzücken, vor allem in Verbindung mit frischer Maracuja, knusprigem Baiser oder süßem Eierlikör. Schokoladenfondue und Schoko-Zabaione locken mit köstlich-cremigen Schokoladenvariationen vom Feinsten. Und natürlich darf auch der Klassiker Mousse au Chocolat nicht fehlen …

SCHOKOLADIGER ABSCHLUSS

Mit den Rezepten in diesem Kapitel machen Sie das Dessert zum krönenden Höhepunkt jeder Mahlzeit! Ob zur Weihnachtszeit oder im Hochsommer: Stets bietet Ihnen die vielseitige Schokolade ein passendes Rezept. Suchen Sie sich Ihren persönlichen Favoriten aus und experimentieren Sie damit, dem Rezept Ihre ganz persönliche Note zu verleihen. Eine Zutat lassen Sie dabei aber natürlich immer unverfälscht: die Schokolade!

Haben Sie sich gelegentlich schon gefragt, wie wohl das ideale Dessert für die Weihnachtszeit aussieht? Suchen Sie nicht länger! Die Weihnachts-Charlotte ist die unangefochtene Königin der Desserts: Eine feine Komposition aus Löffelbiskuits, Orangen-Schoko-Mousse und Zimt-Vanille-Creme, die selbst tapferen Gourmets vor kulinarischer Begeisterung Tränen in die Augen treiben kann!

VON MOUSSE UND SOUFFLÉ BIS SCHOKOLADENFONDUE

Aber selbstverständlich wird in diesem Kapitel auch gezeigt, wie Heinz-Richard Heinemann anhand seines persönlichen Geschmacks eine perfekte Mousse au Chocolat zubereitet. Gesteigert werden kann dieser Gaumenschmaus (bei entsprechender Vorliebe) mit einer köstlichen Sauce aus frischen Himbeeren.
Bei Heinemanns Lieblings-Dessertrezepten dürfen alte Klassiker wie etwa ein cremiger Schokoladenpudding oder ein luftiges Schokoladensoufflé ebenso wenig

fehlen wie der moderne Klassiker Schokoladenfondue mit Früchten.
Und auch bei der Auswahl an Eisbechern mit Schokoladencreme-Eis hat Heinz-Richard Heinemann sich an seinen eigenen Favoriten orientiert. Ob Bananen-Split, Maracujabecher mit Schokoladeneis oder Meringen mit Schokoladeneis und Schokoladensauce: Bei keiner dieser kühlen Köstlichkeiten müssen Sie auf den herrlichen Schokoladengeschmack verzichten.

SCHOKOLADENSAUCE (AUF VORRAT)

Bevor wir zu den eigentlichen Rezepten kommen, soll aber an dieser Stelle noch beschrieben werden, wie man selbst eine wunderbar cremige Schokoladensauce auf Vorrat herstellt. Diese lässt sich flexibel einsetzen und findet auch bei dem einen oder anderen Rezept in diesem Kapitel Verwendung. Mit ihrem kräftigen Geschmack ist sie ideal geeignet, um unterschiedlichste Zutaten und Gerichte mit herrlichsten Schokoladenaromen zu verfeinern.

Diese Sauce harmoniert perfekt mit vielen Desserts und eignet sich darüber hinaus ideal zum Mischen mit Fruchtpürees aller Art oder auch zur Herstellung von Cocktails auf Milch- und Sahnebasis.

Herstellung:

1. 500 Gramm Sahne mit 100 Gramm Zucker und 50 Gramm dunklem Kakaopulver aufkochen. Den Topf von der Kochstelle nehmen.
2. 200 Gramm dunkle Kuvertüre klein hacken, zur Sahnemischung geben und darin schmelzen.
3. Die Sauce durch ein Sieb gießen und bis zur Verwendung im verschlossenen Glas im Kühlschrank aufbewahren.

Statt mehrmals hintereinander Mini-Schokoladenmengen zu hacken und zu schmelzen, können Sie Schokoladensauce besser gleich auf Vorrat herstellen.

WEIHNACHTS-CHARLOTTE

FÜR EINE RUNDE FORM VON ETWA 1,5 LITER INHALT

400 g Löffelbiskuits
(am besten vom Konditor)

Für die Orangen-Schoko-Mousse:

400 g dunkle Kuvertüre

100 g helle Kuvertüre

5 Eier

100 g Zucker

abgeriebene Schale von 2 unbehandelten Orangen

150 ml Orangensaft

400 g Sahne

Für die Zimt-Vanille-Creme:

1 Vanilleschote

225 ml Milch

3 Blatt Gelatine

3 Eigelb

75 g Zucker

5 g gemahlener Zimt

225 g Sahne

Außerdem:

Speisenthermometer

Zubereitungszeit:

ca. 90 Minuten

Kühlzeit:

ca. 2 Stunden

1. Für die Orangen-Schoko-Mousse die helle und die dunkle Kuvertüre zusammen temperieren (siehe Seite 14/15).

2. Eier mit Zucker und abgeriebener Orangenschale mischen und auf etwa 80 °C erhitzen. In der Küchenmaschine oder mit einem elektrischen Handrührgerät locker aufschlagen, bis die Masse luftig, aber von einer festen Konsistenz ist.

3. Orangensaft und 120 Gramm Sahne separat auf Körpertemperatur erwärmen. Damit haben Schokolade, Eiermischung, Orangensaft und Sahne alle die gleiche Temperatur. Dies ist für das Gelingen der Mousse die wichtigste Voraussetzung!

4. Die Schokolade mit dem Orangensaft und der Sahne mischen. Die übrige Sahne steif schlagen. Dann mit dem Schneebesen die schaumig geschlagene Eiermischung unterheben und zum Schluss die geschlagene Sahne unterheben.

5. Für die Zimt-Vanille-Creme die Vanilleschote halbieren. Die Milch und die halbierte Vanilleschote aufkochen. Die Gelatine in kaltem Wasser einweichen (siehe Glossar). Eigelb, Zucker und Zimt schaumig rühren. Die Vanilleschote aus der heißen Milch nehmen, das Mark herauskratzen und dieses in die Milch geben. Die Milch mit dem Eigelbschaum mischen.

6. Die Mischung auf 80 °C erhitzen, den Topf von der Kochstelle nehmen, die eingeweichte Gelatine zugeben und unterrühren. Erkalten lassen. Die Sahne steif schlagen und vorsichtig unter die erkaltete Creme heben.

7. Die Tortenform/gerippte Form am Rand mit den Löffelbiskuits auslegen. Zuerst die Orangenmousse bis zur Hälfte einfüllen, danach vorsichtig mit der Zimt-Vanille-Creme auffüllen. 2 Stunden kalt stellen.

8. Die Form stürzen und die Charlotte nach Belieben weihnachtlich garnieren.

INFO

Die Charlotte kann in einer Tortenform oder auch in einer gerippten Form hergestellt werden.

Heinemann-Tipp

Die Löffelbiskuits können Sie natürlich auch selbst zubereiten!

Ofen auf 200 °C vorheizen. 4 Eigelb mit 30 Gramm Zucker und 1 Päckchen Vanillezucker schaumig schlagen. 2 Eiweiß, 1 Prise Salz und 45 Gramm Zucker zu cremigem Schnee aufschlagen. Beide Massen angleichen (siehe Glossar) und mischen. 75 Gramm Mehl sieben und vorsichtig unterheben.

Die fertige Masse in einen Spritzbeutel mit weiter Lochtülle füllen und die Löffelbiskuits auf ein mit Backpapier ausgelegtes Blech spritzen. Form, Länge und Stärke der zu spritzenden Löffelbiskuits hängen von der Höhe der Form ab, die für die Weihnachts-Charlotte vorgesehen ist.

Die Löffelbiskuits nur leicht mit Zucker bestreuen und im vorgeheizten Ofen (mittlere Schiene) 12 bis 15 Minuten backen. Nach dem Backen sofort vom Papier lösen.

SCHOKOLADENPUDDING

... MIT PUDDINGPULVER

FÜR 4 PORTIONEN

400 ml Milch, 50 g Zucker

1/2 TL Vanillezucker

2 Eigelb

25 g Puddingpulver (neutral oder Vanillegeschmack)

75 g dunkle Kuvertüre

Zubereitungszeit: ca. 20 Minuten

1. Milch mit Zucker und Vanillezucker erhitzen. Eigelb und das Puddingpulver zusammen glatt rühren. Heiße Milch nach und nach zugeben und gut verrühren.

2. Die Kuvertüre im Wasserbad schmelzen. Die Milch-Eigelb-Puddingpulver-Mischung kurz aufkochen, den Topf von der Kochstelle nehmen und sofort die geschmolzene Schokolade in den heißen Pudding rühren. Den Pudding in eine Glasschüssel geben und kalt werden lassen.

▶ Rezeptfoto siehe Seite 114

Heinemann-Tipp

Nach Wunsch mit Sahnehäubchen und Schokoblättchen garnieren.

... AUF BASIS VON ENGLISCHER CREME

FÜR 4 PORTIONEN

500 ml Milch

1 Vanilleschote

120 g dunkle Kuvertüre

3 Eigelb, 2 EL Blütenhonig

Zum Garnieren:

100 g Sahne

rote Früchte nach Wahl

Zubereitungszeit: ca. 40 Minuten

Kühlzeit: 2 Stunden

1. Milch mit der längs aufgeschnittenen Vanilleschote aufkochen. Die Schote herausnehmen, das Mark auskratzen und zurück in die Milch geben. Die Milch in eine Metallschüssel umfüllen.

2. Die Kuvertüre fein hacken und in die Milch geben. Das Eigelb verquirlen. Die Schokoladen-Milch im Wasserbad auf 80 °C erhitzen, dabei unter ständigem Rühren mit einem Holzkochlöffel den Honig sowie das verquirlte Eigelb zugeben und verrühren, bis die Mischung cremig geworden ist.

3. Den Schokoladenpudding in hohe Portionsgläser füllen und für 2 Stunden kalt stellen. Vor dem Servieren die Sahne steif schlagen und den Pudding mit Sahne und Früchten garnieren.

MOUSSE AU CHOCOLAT

1. Zuerst die helle und dunkle Kuvertüre zusammen temperieren (siehe Seite 14/15).

2. Die Eier mit dem Zucker in einer Metallschüssel mischen und unter ständigem Rühren in einem Wasserbad auf etwa 80 °C erhitzen. Danach die Eier in der Küchenmaschine oder mit dem elektrischen Handrührgerät locker aufschlagen, bis die Masse schön luftig, aber von einer festen Konsistenz ist.

3. Die Milch und 60 Gramm Sahne auf Körpertemperatur erwärmen. Damit haben Schokolade, Eiermischung und Sahnemilch alle die gleiche Temperatur – dies ist für das Gelingen der Mousse au Chocolat die wichtigste Voraussetzung!

4. Die Kuvertüre nun mit der Sahnemilch mischen. Dann mit dem Schneebesen die Eiermischung unterheben. Zum Schluss die übrige Sahne steif schlagen und ebenfalls unterheben.

5. Die Mousse au Chocolat in Dessertschüsseln oder -gläser füllen und sofort kalt stellen. Nach Wunsch mit Beeren- oder Vanillesauce servieren (siehe Tipp).

FÜR 4 BIS 6 PORTIONEN

200 g dunkle Kuvertüre oder Edelbitter-Schokolade

50 g helle Kuvertüre oder Milchschokolade

3 Eier

50 g Zucker

75 ml Milch

200 g Sahne

Außerdem:

Speisenthermometer

Zubereitungszeit:

ca. 45 Minuten

Heinemann-Tipp

Besonders gut schmeckt Mousse au Chocolat zusammen mit einer leckeren **Himbeersauce.** Dafür einfach 250 Gramm frische oder aufgetaute tiefgekühlte Himbeeren mit 50 Gramm Zucker pürieren. Oder Sie reichen eine **Vanillesauce** zur dunklen Mousse: 500 Milliliter Milch zum Kochen bringen. 1 Vanilleschote der Länge nach aufschneiden und in die Milch legen. Aufkochen, Topf von der Kochstelle nehmen und die Vanilleschote noch 15 Minuten ziehen lassen. Dann die Vanilleschote herausnehmen, das Mark auskratzen und zurück in die Milch geben. 6 Eigelb mit 150 Gramm Zucker schaumig schlagen. Die Milch unter ständigem Rühren langsam in die Eigelbmasse gießen. Dann die Mischung in einem Topf unter ständigem Rühren mit einem Holzkochlöffel bei sehr schwacher Hitze auf etwa 80 °C erhitzen. Wenn die Sauce so dick geworden ist, dass sie den Kochlöffel gut überzieht und nicht abläuft, den Topf in kaltes Wasser stellen, damit der Garprozess sofort gestoppt und die Vanillesauce nicht flockig wird.

WEISSE MOUSSE AU CHOCOLAT

FÜR 4 PORTIONEN

1 Blatt Gelatine
3 Eigelb
10 g Zucker
3 cl Kirschwasser
340 g Sahne
170 g weiße Kuvertüre

Zubereitungszeit:
ca. 45 Minuten

1. Die Gelatine in eiskaltem Wasser einweichen (siehe Glossar). Eigelb und Zucker in eine Metallschüssel geben und in einem Wasserbad erhitzen, dann schaumig aufschlagen. **Achtung:** Das Eigelb darf dabei nicht heißer als 80 °C werden, sonst wird es hart! Sobald das Eigelb schaumig ist, die Schüssel aus dem Wasserbad nehmen.

2. Die eingeweichte Gelatine sowie das Kirschwasser in die Schüssel mit dem Eigelbschaum geben und gut durchrühren. Die Creme auf Körpertemperatur abkühlen lassen.

3. Die Sahne steif schlagen. Die weiße Kuvertüre temperieren (siehe Seite 14/15) und unter den Eigelbschaum mischen. Die geschlagene Sahne rasch unterheben, sofort in Gläser abfüllen und kalt stellen. Vor dem Servieren die Mousse nach Wunsch garnieren (siehe Tipp).

Heinemann-Tipp

Als Dekoration eignen sich Schokostangen – dunkel oder meliert (siehe Bild), ein Tupfen Schlagsahne und geriebene dunkle Schokolade oder auch einzelne Beeren.

VARIANTE

Dunkle Mousse au Chocolat 2 Eiweiß auf Körpertemperatur erwärmen und mit 40 Gramm Zucker zu festem Schnee aufschlagen. 150 Gramm dunkle Kuvertüre oder Edelbitter-Schokolade (63 %) temperieren (siehe Seite 14/15). 50 Milliliter Milch mit 50 Gramm Sahne und 3 Eigelb mischen und das Ganze auf Körpertemperatur erwärmen, dann die Mischung in die Kuvertüre rühren. 100 Gramm Sahne steif schlagen und zügig unterheben, direkt anschließend auch den Eischnee unterheben.

KALTER HUND
AUF FEINE ART

**FÜR EINE KASTENFORM VON
30 CM LÄNGE**

100 g Sahne

200 g dunkle Kuvertüre

100 g helle Kuvertüre

100 g Butter

20 Stück Butterkekse

Zubereitungszeit:
ca. 40 Minuten

1. Eine Kastenform mit Folie auslegen. Beide Kuvertüresorten zusammen temperieren (siehe Seite 14/15). Die Sahne aufkochen, von der Kochstelle nehmen und die temperierten Kuvertüren untermischen. Dann die weiche Butter einrühren.

2. Eine dünne Schicht der Schokoladenmasse auf den Formboden geben. Dann drei bis vier Kekse auflegen. Die Form mit weiteren Schichten von Schokoladenmasse und Keksen füllen. Abdecken, abkühlen lassen und kalt stellen.

3. Die Kastenform stürzen, Folie abziehen und den Kalten Hund in sehr dünne Scheiben schneiden.

Heinemann-Tipp

Wenn Sie den Kalten Hund in dünne Scheiben schneiden wollen, muss er richtig kalt sein – kühlschrankkalt! Vor dem Servieren sollten Sie ihn aber 30 Minuten auf dem Teller angerichtet stehen lassen, damit die Schokoladenmasse sich auf Zimmertemperatur erwärmt, womit der Kakaogeschmack optimal zur Geltung kommt. Besonders delikat schmeckt der Schoko-Keks-Kuchen mit Schlagsahne!

VARIANTEN

Kalter Hund mit Kaffee Zur Schokoladenmasse 1 Teelöffel Instant-Kaffeegranulat hinzufügen.

Kalter Hund mit Rum Zur Schokoladenmasse 4 Zentiliter Rum zufügen.

Kalter Hund mit Orange Die Kekse vorsichtig mit etwas Orangensaft oder Orangenlikör tränken.

SCHOKOLADENFONDUE MIT FRÜCHTEN

1. Die Früchte säubern und für das Eintauchen in das Fondue in kleine Stücke zurechtschneiden. Die Kuvertüre klein hacken und in eine Schüssel geben.

2. Sahne, Milch sowie die aufgeschnittene Vanilleschote zusammen zum Kochen bringen, dann von der Kochstelle nehmen. Die Vanilleschote herausnehmen und das Mark auskratzen. Dieses in die Sahne zurückgeben.

3. Die heiße Flüssigkeit nach und nach auf die Kuvertüre gießen und alles gut durchrühren, bis die Creme glatt ist. Dann die Butter in kleinen Stücken hinzugeben und vorsichtig unterrühren.

4. Bei Tisch die Früchte mit einer Gabel in die Schokoladensauce tauchen und genießen.

Heinemann-Tipp

Dieses Fondue kann in kleinen Porzellanschalen portionsweise vorbereitet werden: Einfach vor dem Servieren kurz in der Mikrowelle erhitzen.

FÜR 6 PORTIONEN

ca. 1,5 kg Früchte der Saison (netto), z. B. Erdbeeren, Bananen, Mango, Ananas, Clementinen, Physalis

600 g dunkle Kuvertüre oder Schokolade (70 %)

400 g Sahne

200 ml Milch

1 Vanilleschote

50 g Butter

Zubereitungszeit:
ca. 45 Minuten

SCHOKOLADENSOUFFLÉ

FÜR 6 PORTIONEN

200 g dunkle Kuvertüre oder
Edelbitter-Schokolade (65 %)

100 ml Milch

2 TL dunkles Kakaopulver

80 g Zucker

6 Eier

2 EL Mehl

Außerdem:

6 kleine Auflaufförmchen

Butter und Zucker für die Förmchen

Zubereitungszeit:
ca. 45 Minuten

Backzeit:
ca. 30 Minuten

1. Backofen auf 170 bis 180 °C vorheizen und ein tiefes Backblech zur Hälfte mit Wasser gefüllt auf die untere Schiene schieben.

2. Die Förmchen mit Butter auspinseln und mit Zucker ausstreuen. Kalt stellen.

3. Die Kuvertüre klein hacken. Die Milch, den Kakao und die Hälfte des Zuckers (40 Gramm) aufkochen und die gehackte Kuvertüre darin schmelzen.

4. Die Eier trennen. Eigelb und Mehl in die Schokoladenmasse rühren. Das Eiweiß mit dem restlichen Zucker zu Schnee schlagen und unterheben.

5. Die Masse in die Förmchen füllen und in dem vorbereiteten Wasserbad 30 Minuten garen. Der Kern des Soufflés sollte ganz weich sein. Die Soufflés in den Förmchen servieren.

Heinemann-Tipp

Schokoladensoufflé gehört zu den anspruchsvollsten und empfindlichsten Delikatessen, an die Sie sich heranwagen können. Verzagen Sie also nicht, wenn es beim ersten Mal nicht gleich perfekt gelingt! **Noch ein wichtiger Hinweis:** Öffnen Sie auf keinen Fall zwischendurch die Backofentür, sonst fällt Ihr kostbares Soufflé sofort zusammen! Und servieren Sie das Soufflé direkt nach dem Garen.

ZABAIONE MIT SCHOKOLADE

FÜR 2 PORTIONEN

50 g dunkle Kuvertüre
4 Eigelb
50 g Zucker
1 Msp. gemahlener Zimt
2 cl Rum

Zubereitungszeit:
ca. 20 Minuten

1. Die Kuvertüre temperieren (siehe Seite 14/15).

2. Eigelb, Zucker, Zimt und Rum in eine Metallschüssel geben und auf einem Wasserbad erwärmen, dabei mit dem Schneebesen heftig hin- und herschlagen und darauf achten, dass das Eigelb nie zu heiß wird oder eventuell am Schüsselrand beginnt, fest zu werden. In diesem Fall sofort aus dem Wasserbad nehmen und weiterschlagen.

3. Wenn die Zabaione schön luftig ist, langsam nach und nach die temperierte Kuvertüre unterrühren. Die Zabaione in Gläser oder Dessertschalen füllen und sofort servieren.

Heinemann-Tipp

Als Beilage zu dieser köstlichen Schokoladencreme passen hervorragend Orangentaler (siehe Seite 73) oder Löffelbiskuits – gekauft oder nach dem Rezept von Seite 119 zubereitet.

VARIANTE

Helle Schoko-Zabaione Ersetzen Sie dunkle Kuvertüre durch helle Kuvertüre und verwenden Sie anstelle von Rum 2 Zentiliter Kirschwasser.

BANANEN-SPLIT

FÜR 6 BIS 8 PORTIONEN

Für die heiße Schokoladensauce:

100 g helle Kuvertüre

100 g dunkle Kuvertüre

250 g Sahne

Zum Anrichten:

180–240 g Sahne

12–16 Kugeln Vanilleeis

6 kleine Bananen

nach Belieben etwas Krokant oder gehackte Mandeln

Zubereitungszeit:

ca. 15 Minuten

1. Für die Schokoladensauce die Kuvertüre klein hacken. Die Sahne kurz aufkochen. Gehackte Kuvertüre zugeben und darin schmelzen. Gut mischen.

2. Zum Anrichten die Sahne steif schlagen. Je zwei Kugeln Vanilleeis und eine klein geschnittene Banane in Dessertschalen appetitlich anrichten. Mit der heißen Schokoladensauce übergießen und mit geschlagener Sahne garnieren, wahlweise zusätzlich mit Krokant oder gehackten Mandeln bestreuen lassen.

Heinemann-Tipp

Wenn Sie Ihrem Bananen-Split einen besonderen Pepp verpassen wollen, können Sie ihn mit 2 Zentiliter Bananenlikör übergießen.

SCHOKOLADENCREME-EIS

1. Milch und Sahne mit 100 Gramm Zucker und Salz aufkochen. Die Kuvertüre auf dem Wasserbad schmelzen.

2. Eigelb und Eier mit den restlichen 100 Gramm Zucker in einer Metallschüssel im Wasserbad aufschlagen. Die kochende Milch hinzugeben. Mit einem Holzlöffel weiterrühren, bis die Masse dicker wird und cremig vom Holzlöffel läuft. Dabei darf die Masse nicht heißer als 80 °C werden. Vom Wasserbad nehmen.

3. Die geschmolzene Kuvertüre und den Glukosesirup zugeben. Die Schüssel in Eiswasser stellen und die Creme unter Rühren abkühlen. Dann die Creme durch ein Sieb passieren und in der Eismaschine gefrieren lassen – gegebenenfalls in zwei Portionen.

INFO

Dieses Rezept gelingt nur in einer Eismaschine. Taugliche Geräte für den Privathaushalt sind inzwischen schon recht preiswert zu bekommen. Sie arbeiten mit Kühlakku-Rührschüsseln. Oft sind die Füllmengen allerdings recht gering. Das kann im Fall dieses Rezepts bedeuten, dass Sie sich entweder eine zweite Rührschüssel anschaffen (gibt es einzeln nachzukaufen) oder dass Sie das Rezept in zwei Portionen – und an zwei Tagen – zubereiten. Die Mengen halbieren, am einen Tag die erste Hälfte Schokoladencreme-Eis zubereiten, gefrieren und im Gefriergerät lagern, am zweiten – nachdem der Kühlakku wieder gefroren ist – die zweite Portion.

FÜR 6 PORTIONEN

500 ml Milch

500 g Sahne

200 g Zucker

1 Prise Salz

120 g dunkle Kuvertüre oder Edelbitter-Schokolade (63 %)

8 Eigelb

4 Eier

40 g Glukosesirup (vom Konditor)

Zubereitungszeit:
ca. 15 Minuten

Gefrierzeit:
20 bis 30 Minuten

MERINGEN MIT SCHOKOLADENEIS UND SCHOKOLADENSAUCE

FÜR 6 PORTIONEN

Für die Meringen:

4 Eiweiß

2 TL Zitronensaft

200 g feiner Zucker

etwas Puderzucker

Für die Fertigstellung:

200 g Sahne

600 g Schokoladencreme-Eis
(siehe Seite 131)

120 ml Schokoladensauce
(siehe Seite 116f.)

Außerdem:

Spritzbeutel mit weiter Lochtülle

Zubereitungszeit:
ca. 30 Minuten

Backzeit:
ca. 100 Minuten

1. Eiweiß mit Zitronensaft zu sehr steifem Schnee schlagen. Zucker nach und nach löffelweise einrieseln lassen und zu steifer, glänzender Masse schlagen.

2. Den Backofen auf 100 °C vorheizen. Ein Backblech mit Backpapier auslegen. Dann den Eischaum in den Spritzbeutel füllen und große ovale Schalen von der Größe einer längs halbierten Zitrone auf das Backpapier spritzen. Leicht mit Puderzucker besieben.

3. Etwa 90 bis 100 Minuten im vorgeheizten Ofen (mittlere Schiene) mit leicht geöffneter Tür mehr trocknen als backen. Die Meringen sollten weiß bis hellgelb werden.

4. Die Meringen trocken aufbewahren, am besten in einer gut verschließbaren Blechdose.

5. Die Sahne steif schlagen. Zwischen zwei Meringen auf einem Teller zwei Kugeln Schokoladeneis geben. Mit Schokoladensauce beträufeln und mit der geschlagenen Sahne servieren.

Heinemann-Tipp

Die Eischneemasse ist steif genug, wenn ein Schnitt mit einem Messer in der Masse sichtbar bleibt.

SCHOKOLADENEISVARIANTEN

EIERLIKÖRBECHER

FÜR 6 EISBECHER

200 g Sahne

1 süße reife Ananas

600 g Schokoladencreme-Eis
(siehe Seite 131)

ca. 8 cl Eierlikör

Zum Garnieren:

6 Kirschen

Zubereitungszeit:

ca. 15 Minuten

1. Die Sahne steif schlagen. Die Ananas schälen, die harte Mittelachse entfernen und das Fruchtfleisch fein schneiden. Zusammen mit dem Schokoladencreme-Eis gleichmäßig in hohen Gläsern verteilen.

2. Je nach Geschmack 2 bis 3 Esslöffel Eierlikör darüber verteilen. Mit der geschlagenen Sahne, einem Stück Ananas und einer Kirsche garnieren.

MARACUJABECHER

FÜR 6 EISBECHER

1 reife Maracuja

ca. 150 ml weißer Rum

200 g Sahne

600 g Schokoladencreme-Eis
(siehe Seite 131)

Zubereitungszeit: ca. 10 Minuten

1. Die Maracuja halbieren, das Fruchtfleisch mit einem Löffel herauslösen und mit weißem Rum kurz marinieren. Die Sahne steif schlagen.

2. Mit dem Schokoladencreme-Eis in Schalen appetitlich anrichten und mit der geschlagenen Sahne garnieren.

EISBECHER »BIRNE HELENE«

1. Die Birnen mit Küchenpapier abtupfen. Das Obst klein schneiden und 30 Minuten im Birnenbrand marinieren.

2. Die Schokoladensauce erwärmen. Die Eisbecher zur Hälfte mit Schokoladencreme-Eis auffüllen. Dann eine Schicht Birnen hinzugeben, anschließend eine weitere Schicht Eis.

3. Die Sahne steif schlagen und die Eisbecher mit Sahne und Pfefferminzblatt garnieren. Dazu die warme Schokoladensauce reichen.

FÜR 6 EISBECHER

6 halbe Williams-Christ-Birnen aus dem Glas

6 cl Birnenbrand

300 ml Schokoladensauce (siehe Seite 117)

600 g Schokoladencreme-Eis (siehe Seite 131)

Zum Garnieren:

200 g Sahne

6 Pfefferminzblätter

Zubereitungszeit: ca. 10 Minuten
Gefrierzeit: 30 Minuten

SCHWARZWÄLDER-KIRSCH-BECHER

1. Die Sauerkirschen gut abtropfen lassen und mit Küchenpapier abtupfen. 6 Kirschen für die Garnitur beiseite legen.

2. In die Becher jeweils schichtweise einige Kirschen, etwas geriebene Schokolade und Eiskugeln füllen.

3. Abschließend jeweils 1 Zentiliter Kirschwasser darüber gießen, die Sahne steif schlagen und die Eisbecher mit Schlagsahne und je einer Kirsche ausgarnieren.

FÜR 6 EISBECHER

250 g Sauerkirschen aus dem Glas

6 EL geriebene dunkle Kuvertüre

600 g Schokoladencreme-Eis (siehe Seite 131)

6 cl Kirschwasser

200 g Sahne

Zubereitungszeit:
ca. 10 Minuten

GLOSSAR

angleichen Damit ist ein Verfahren gemeint, mit dem man zwei in ihrer Konsistenz oder Temperatur verschiedene Massen optimal vermischen kann. Dazu wird eine Masse zunächst nur mit einem kleinen Teil der zweiten Masse verrührt, bevor der restliche Teil der zweiten Masse hinzugegeben wird.

ausrollen Ein Trick, um Teig gleichmäßig dick ausrollen zu können: Eine ebene Arbeitsfläche mit Backpapier bedecken und seitlich zwei flache Holzleisten in der für den Teig gewünschten Dicke darauflegen – der Abstand sollte etwas geringer sein, als das Rollholz lang ist. Den Teig zwischen die Leisten geben und ausrollen, bis das Rollholz auf beiden Seiten durchgehend auf den Holzleisten aufliegt.

Canache-Creme Sie wird auch Pariser Creme oder Ganache genannt. Es handelt sich um eine zarte, leicht schmelzende Creme aus frischer Sahne und Schokolade, die als Basis für viele Pralinen dient. Das Grundrezept für die Zubereitung von Canache finden Sie auf Seite 88.

Fondant Diese weiße, zartschmelzende Zuckermasse ist eine ideale Grundlage für glänzende Glasuren. Fondant kann beim Konditor gekauft werden, findet sich aber auch in gut sortierten Lebensmittelabteilungen großer Kaufhäuser sowie bei auf Konfiseriebedarf spezialisierten Internetversendern. Zum Schmelzen wird Fondant in einer Metallschüssel im Wasserbad auf 30 °C erhitzt. Fondant kann man formen, aromatisieren und mit Lebensmittelfarbe färben.

Gelatineblätter einweichen Um Probleme bei der Verwendung eingeweichter Gelatine zu vermeiden, sollte diese zunächst in einer großen Schale mit eiskaltem Wasser für 30 Minuten eingeweicht werden. Erst dann ist die Gelatine für die jeweils im Rezept beschriebene Verwendung bereit.

Glukosesirup Dieser aus Stärke hergestellte Traubenzuckersirup ist wie Läuterzucker (siehe rechts) eine hochkonzentrierte Zuckerlösung, hat aber den Vorteil, dass er nicht kristallisiert.

Kuvertüre Sehr reine Schokolade mit hohem Kakaobutteranteil. Sie ist besonders gut für Glasuren und Verzierungen geeignet. Kuvertüre ist temperaturempfindlich. Bei der Verarbeitung überhitzte Kuvertüre sieht nach dem Abkühlen stumpf aus und bildet graue Stellen. Siehe auch: Schokolade, Temperieren.

Läuterzucker Zur Herstellung dieser Zuckerlösung mischen Sie Zucker und Wasser zu gleichen Teilen (beispielsweise 500 Milliliter Wasser und 500 Gramm Zucker), kochen diese Mischung auf und lassen sie weiterköcheln, bis sich der Zucker vollständig gelöst hat. Läuterzucker ist fast unbegrenzt haltbar und kann deshalb gut auf Vorrat hergestellt werden.

Pralinengabel Dieses Spezialbesteck wird auch Trempiergabel genannt. Pralinengabeln gibt es in verschiedensten Formen, zum Beispiel mit drei weit auseinander stehenden Zinken oder mit einem Spiralkopf. Die Gabeln dienen dazu, Pralinen oder Früchte in flüssige Kuvertüre und andere erwärmte Glasuren zu tauchen. Sie

Sahne Für alle Rezepte sollte frische Sahne verwendet werden, bevorzugt Bio-Sahne. Frische Sahne schmeckt einfach deutlich besser als haltbare, ultrahocherhitzte Sahne, die stets einen unangenehmen Beigeschmack mit sich bringt.

Schokolade Im Gegensatz zur Kuvertüre hat Schokolade einen etwas geringeren Kakaobutteranteil. Gute Schokolade ist schon pur ein Genuss und sollte auch bei der Zubereitung von Rezepten bevorzugt werden. Qualitativ besonders hochwertig sind die Edel-Schokoladen, die aus hochwertigeren Kakaobohnen hergestellt werden. Siehe auch: Kuvertüre, Temperieren (S. 14/15).

Schokoladen-Hohlkugeln Neben der Kugelform gibt es auch Eier, Sterne, Monde und zahlreiche andere Formen. Hier (unter Vorbehalt) einige Internetadressen, über die man Schokoladen-Hohlkugeln beziehen kann:

http://pinzer.dbfaktshop.de/
» auf »Produktsuche« klicken und »Hohlkugel« eingeben. Recht teuer.

www.pralinenideen.de
» auf »Bestellung« klicken und gewünschte Mengen angeben. Kleine Auswahl, aber günstig.

www.mannis-laden.com
» große Auswahl, normale Preise, aber hohe Versandkosten bei kleineren Bestellungen.

Spritzbeutel Gelegentlich auch Dressierbeutel genannt. Dieser kegelförmige Beutel kann mit unterschiedlichen Tüllen versehen werden und dient zum Einfüllen oder Aufspritzen von Teig, Cremes und anderen zähflüssigen Zutaten.

Stäbchenprobe Hierbei wird ein Holzspießchen in einen gebackenen Teig gesteckt. Der Teig ist fertig gebacken, hat also ein ausreichend festes, nicht mehr zu feuchtes Teiggerüst gebildet, wenn keine Teigmasse mehr sichtbar am Stäbchen haften bleibt.

Vanilleschoten Entgegen der landläufigen Meinung spendet nicht nur das Mark der Vanilleschote Geschmack, sondern auch die in der Außenhaut der Schote enthaltenen ätherischen Öle. Nach dem Abkochen und Auskratzen der Vanilleschoten sollten diese keinesfalls weggeworfen werden, siehe Vanillezucker!

Vanillezucker Vanillezucker (korrekt: Vanillinzucker) aus dem Supermarkt wird mit Vanillin aromatisiert. Das ist ein künstlicher und penetrant schmeckender Aromastoff. Natürlichen und feinaromatischen Vanillezucker können Sie ganz einfach selbst herstellen: In Speisen (etwa Vanillesauce oder Obstkompott) mitgekochte und ausgekratzte Vanilleschoten warm abwaschen, trocknen und anschließend zusammen mit Zucker im Mixer fein zerkleinern.

Beginn des Textes aus der vorherigen Spalte: können notfalls durch Essbesteck oder andere Hilfsmittel – etwa normale Gabeln oder Holzspießchen – ersetzt werden.

HEINZ-RICHARD HEINEMANN

Heinz-Richard Heinemann bekam das Konditor-Handwerk von seinem Vater Hermann Heinemann in die Wiege gelegt. Nicht nur die berühmte Herrentorte, auch ein für die Nachkriegszeit ungemein wichtiger Ersatz für Sahne, der aus Fett und Eiweiß hergestellt wurde, machte die Hermann-Heinemann-Konditorei in Mönchengladbach schon in den 50er-Jahren berühmt. Abgesehen davon war es das beständige Streben nach bester Qualität, das von Anfang an die Basis für den Erfolg der Heinemann-Konditorei bildete. Heinz-Richard Heinemann lernte sein Handwerk als Lehrling in der renommierten Confiserie Mojonnier in Lausanne und als Geselle in der Confiserie Sprüngli in Zürich. Letztere hat nichts mit der Schokoladenfabrik Lindt & Sprüngli, dafür eine Menge mit den delikaten und international bekannten und äußerst beliebten Luxemburgerli-Makronen zu tun. Als eidgenössisch diplomierter Konditor- und Confiseur-Meister sammelte er zunächst Erfahrungen bei Lenôtre in Paris, dann in London und Kopenhagen, bevor er nach Deutschland zurückkehrte und in den elterlichen Betrieb einstieg. Heinz-Richard Heinemann ist unter anderem Mitglied im Club des Croqueurs

(Paris), im Relais Desserts International (Vereinigung der 80 besten Konditoren in Europa) und in Eurotoques (Gemeinschaft der Köche und Konditoren Europas zur Erhaltung des ökologischen Gleichgewichtes und Geschmacksschulungen) und Förderer von Slow Food. Darüber hinaus kann er regelmäßig in Live-Beiträgen und im ZDF Morgenmagazin Volle Kanne bewundert werden.

Heinz-Richard Heinemann hat mehrere internationale Preise für seine Pralinen erhalten, unter anderem für seine Champagne-Trüffeln, die bereits zweimal unter die zehn besten Pralinen weltweit gewählt wurden. Sogar Papst Benedikt XVI. lässt sich mit diesen süßen Köstlichkeiten verwöhnen.

Heinemann arbeitet nach wie vor streng handwerklich, wie er es von seinem Vater und seinen anderen Lehrern gelernt hat. Sein Erfolgsrezept, das er auch den Käufern dieses Buches wärmstens ans Herz legen möchte: »Frische, gute Zutaten zusammen mit Liebe und Sorgfalt bei der Verarbeitung garantieren immer noch die besten und leckersten Ergebnisse!«

REZEPTREGISTER

ZUTATENREGISTER

SACHREGISTER

ÜBER DIESES BUCH

Redaktionsleitung
Susanne Kirstein

Projektleitung
Eva Wagner

Layout, Gesamtproducing
v|Büro – Jan-Dirk Hansen, München

Redaktion
Claudia Lenz, Essen

Bildredaktion
Elisabeth Franz

Korrektorat
Susanne Langer

Umschlaggestaltung
Eva Salzgeber

Litho Lorenz + Zeller, Inning a.A.

Druck und Verarbeitung
Mohn media Mohndruck GmbH,
Gütersloh

Printed in Germany

FSC
Mix
Produktgruppe aus vorbildlich
bewirtschafteten Wäldern und
anderen kontrollierten Herkünften
Zert.-Nr. SGS-COC-1425
www.fsc.org
© 1996 Forest Stewardship Council

Verlagsgruppe Random House
FSC-DEU-0100

Das für den Inhalt eingesetzte Papier Arctic
Silk+ 150 g/m², geliefert durch Berberich,
wurde in dem FSC- (CoC) zertifizierten Werk
Arctic Paper Hafreström produziert.

ISBN 978-3-517-08463-3
9817 2635 4453 6271

DER CO-AUTOR

Niklas Schaab ist Kulturwissenschaftler und Genussmensch. Er schreibt als Texter, Journalist und Buchautor zu den verschiedensten Themen und hat unter anderem Restaurantkritiken sowie Bücher über gesunde Lebensweise und Ernährung verfasst. Seine Leidenschaft für gute Schokolade in allen Formen begann in der Kindheit und setzt sich bis zum heutigen Tag fort.

BILDNACHWEIS

Fotos: Maja Smend
Foodstyling: Kim Morphew
mit Ausnahme von:
Heinemann Heinz-Richard (Privatarchiv): 139 (Werbefotografie Weiss-Henseler e.K.), U4 o.r.; Mosaik Verlag, München: 63 (Brauner); Royalty Free: 7 (istockphoto/Kosenbaum), 55 (Shutterstock/AM-STUDiO), 69 (Shutterstock/ Maksymilian Skolik), 81 (Shutterstock/Elena Schweitzer), 91, 107 (Shutterstock/Eric Gevaert), 112 (Shutterstock/Protogeridis), 125 (Shutterstock/Wolfgang Amri); StockFood, München: 33 (Joerg Lehmann); Südwest Verlag, München: 2, 43 (Rainer Hofmann), 8, 11, 15, 87 (Maja Smend), 22, 37, 65 (Ulrich Kerth), 24, 72, 89 (Karl Newedel), 49 (Michael Holz), 77 (Nikolaus Hermann), 100 (Norbert Pautner), 130 (R. Schmitz)

HINWEIS

Die Ratschläge/Informationen in diesem Buch sind von Autoren und Verlag sorgfältig erwogen und geprüft. Dennoch kann eine Garantie nicht übernommen werden. Eine Haftung der Autoren bzw. des Verlags und seiner Beauftragten für Personen-, Sach- und Vermögensschäden ist ausgeschlossen.

IMPRESSUM